명문동양문고 36

孫子

손자 (下)

김학주 譯

明文堂

1. 이 주역註譯의 텍스트는 일본의「고본손자古本孫子」를 사용하였다. 「고본손자」는 일본 제미관장판濟美館藏版으로서 일반적으로 유행 되고 있는 여러 가지 판본보다 내용이 본래의 모습에 가깝다고 여 겨지기 때문이다.

2. 번역은 원문의 어순語順을 살리면서도 쉬운 현대말이 되도록 힘쓴 다는 원칙 아래 씌어졌다.

3.「손자」는 특히 일반성을 띤 고전이라서 주석이나 해설도 평이함 을 위주로 하였다.

목차

손자

제7권

7. 쟁편爭篇

　「쟁」이란 전쟁에 있어 양편이 유리한 위치나 조건을 놓고 다툼을 뜻한다. 보통 판본에는「군쟁(軍爭)」이라 편명이 붙어 있으나 마찬가지이다.

　전쟁을 잘하기 위하여는 용병이 앞편에서 얘기한 것처럼「무형(無形)」의 경지에 도달해야 한다. 그러나 실지에 있어서 그것은 이상이지 역사상 그러한 경지의 용병을 하였다는 명장은 없다. 그보다도「무형」의 용병을 할 줄 아는 사람이면 실지로 맞붙어 싸우기도 전에 승리를 거둘 것이므로 전쟁이 정식으로 벌어질 수가 없다. 「무형」의 병법을 터득했던 사람들은 인류 역사에 큰 공헌을 했으면서도 그들의 공로가 범인의 눈에는 띄지 않는 것이기 때문에 역사상 명장으로 이름이 알려지지 않고 있는지도 모른다.

　어떻든 실지 전쟁에 있어서 장수들은「무형」의 경지에 도달한 지휘관이 아니므로, 대개는 눈앞에 보이는「이(利)」를 놓고 다투게 된다. 「맹자(孟子)」에선 책의 첫머리부터「이」를 버리면서「인의(仁義)」를 주장하고 있지만, 보통 장수들이 이끄는 군대들이 맞붙은 전쟁터에서는 어떤 방법을 써서든지「이」를 확보해야 한다. 여기서는 전쟁터에서 적군과「이」를 다투는 방법을 논하고 있다. 손자의 병법은 전쟁원론(戰爭原論)에서 출발하여 병법의 이상을 얘기한 다음 차츰 한 발자국씩 실지 전쟁으로 접근하고 있다.

1.

손자가 말하였다.

모든 용병하는 방법은 장수가 임금으로부터 명령을 받아가지고 여러 군사들을 집합시키고 군대의 편제를 정돈한 다음, 서로 화합시켜 가지고 군영(軍營)에 머물게 하는 것이다. 그래서 군대의 다툼보다 어려운 것은 없을 것이다.

孫子曰, 凡用兵之法, 將受命於君, 合軍聚衆, 交和而舍, 莫難於軍爭.

- 合軍(합군) : 여러 곳의 정규군(正規軍)을 모으는 것.
- 聚衆(취중) : 군사들을 모아 편제(編制)를 짜는 것.
- 交和(교화) : 부대의 위아래가 서로 화합(和合)하여 단결하도록 하는 것.
- 舍(사) : 군영(軍營)에서 전군을 기거(起居)케 하는 것.

* 전쟁의 시작은 임금이 장수를 임명하면 장수는 자기 휘하의 군사들을 전부 모아 부대를 편성하고 군율(軍律)을 세운 다음 적당한 곳에 숙영(宿營)하는 데서 출발한다. 이때 군사들을 동원하기 위하여는 농사철을 참작하여야 하고 여러 가지 군비도 이에 뒤따라야 함은 물론이다.

그러나 막상 전쟁이 시작되고 보면 어떻게 싸워서 적을 무찔러야 하느냐 하는 문제는 그렇게 간단하지 않다. 적의 장수가 어리석고 적의 병력이 약하면 몰라도, 적의 장수나 병력이 우리와 비슷하거나 우리보다 오히려 우세하다고 여겨질 때에는 더욱 어렵다. 그래서 손자도 이 세상에서 「군쟁(軍爭)보다 더 어려운 일은 없다.」고 허두를 꺼낸 것이다.

2.

군대의 다툼이 어렵다는 것은 돌아가면서도 곧장 목표에 도달하게 하고 환난(患難)을 이로운 것으로 만들어야 하기 때문이다.

軍爭之難者, 以迂爲直, 以患爲利.

• 迂(우) : 우회(迂回)하는 것. 길을 곧장 가지 않고 먼 곳으로

돌아가는 것.

* 전쟁이 어렵다는 것은 누구나가 아는 간단한 방법으로는 싸워서 이길 수 없기 때문이다. 그것은 우리가 치는 만큼 적도 공격할 것이고, 우리가 지키는 만큼 적도 지킬 것이기 때문이다. 따라서 같은 조건이라면 어떤 목적을 달성하기 위하여는 빤히 눈앞에 보이는 목적지를 두고도 돌아가듯이 참고 노력하며 오래 버틸 수 있어야 한다. 일시적인 환난을 당한다 하더라도 그것을 극복함으로써 우리의 이로움으로 전환시킬 수 있어야 한다는 것이다. 한 번 기습을 당하여 큰 타격을 입었대서 손 들고 마는 자는 절대로 전쟁에 승리를 거둘 수 없다.

노자(老子)가

「처졌으면 온전해질 것이고, 굽었으면 곧아질 것이고, 움푹 파였으면 찰 것이고, 해졌으면 새로워질 것이고, 적으면 보태질 것이고, 많으면 미혹될 것이다.」

고 한 말을 명심하여야만 할 것이다.

3.

그러므로 갈 길을 돌아가게 되더라도 이로움으로써 적을 유인하여야 하며, 적보다 늦게 출발하더라도 적보

다 앞서서 도착해야 한다. 그래야만 돌아가는 것과, 곧
장 가는 것의 계책을 아는 사람이라 할 것이다.

故迂其途, 而誘之以利. 後人發, 先人至. 此知迂
直之計者也.

- 迂其途(우기도) : 그가 갈 길을 돌아감으로써 적으로 하여금
  이쪽을 얕보게 만들거나 방심하게 만드는 것.

* 길을 돌아감으로써 목적을 이룬 예는 우리나라 전쟁사에도 있
다.

신라 문무왕(文武王) 2년(서기 662년) 당나라 장수 소정방(蘇定
方)이 수륙 양군을 이끌고 평양 부근에 이르러 고구려를 공격할 때,
소정방은 신라에 대하여 원군과 군량을 보내줄 것을 요청하였다. 그
러나 신라가 당나라에 군량과 원병을 보내려면 반드시 고구려 땅을
통과해야만 하므로 그것은 매우 어려운 일이었다. 이때 신라에서는
김유신(金庾信) 장군으로 하여금 쌀 4천 석(石), 조 2만 2천 석을 수
레 2천 량(輛)에 싣고 떠나도록 하였다. 김유신은 가는 도중 길이 미
끄럽고 험하여 수레들을 움직이기 힘들었으므로, 다시 이것을 소와
말에 실어 1월 23일에 국경을 넘어 고구려 땅으로 들어갔다. 적인 고
구려 땅을 이러한 행렬로는 도저히 그대로 통과할 수 없을 것이므로

김유신은 일부러 험악하고 협소한 길을 택하여 고구려측에서는 생각도 못할 길로 돌아가 목적을 달성할 수 있었다고 한다.

여기에서 손자는 행군하는 것뿐만 아니라 여러 가지 군사행동을 길을 돌아가는 데 비유하고 있다고 보아야만 할 것이다. 적이 생각지 않는 방법을 어렵고 험하더라도 참고 견디며 실행함으로써 경쟁에 이길 수 있는 것이다. 그렇다고 언제나 돌아다니며 이익을 확보하는 데 뒤지라는 것은 아니다. 어떤 방법을 써서라도 목표 달성은 적보다 앞서야 한다.

4.

그러므로 군대의 다툼은 이로움을 위한 것이나, 군사들의 싸움은 위험하게도 되는 것이다.

軍爭爲利, 衆爭爲危.

• 衆爭(중쟁) : 여러 군사들이 실제로 적과 맞붙어 싸우는 것. 보통 판본엔 「衆」이 「軍」으로 되어 있는 것도 있다.

* 군대가 전쟁을 하는 것은 이익을 추구하기 위한 행동이다. 좁은 뜻으로는 그때그때 적보다 유리한 조건을 차지한다는 뜻도 있지만,

넓은 뜻으로는 적의 땅을 점령하고 물자를 차지하기도 하며 국위(國威)를 드러낸다는 뜻도 있다.

그러나 실제로 군사들로 하여금 적과 맞붙어 싸우게 한다는 것은 언제나 위험이 뒤따르게 마련이다. 전략에 조금이라도 차질이 생기는 날이면 전투에서 큰 희생을 당할 뿐만 아니라 국가의 존립까지도 위협을 받게 된다. 따라서 전투를 지휘하는 장수는 언제나 세심한 주의를 기울여 재빠른 대책을 강구하지 않으면 안될 것이다.

5.

전군을 거느리고 이로움을 다툰다면, 곧 미치지 못하게 될 것이다. 군대의 일부를 버리고 이로움을 다툰다면, 곧 치중부대(輜重部隊)가 버려질 것이다.

舉軍而爭利, 則不及. 委軍而爭利, 則輜重損.

- 舉軍(거군) : 전군을 전투에 투입하는 것.
- 不及(불급) : 미치지 못한다. 전군을 동원시켜 싸우려면 그 동원과 준비에 많은 시간이 걸리어 적이 이쪽의 의도를 다 알아차릴 것이므로 늦어서 뜻을 이루지 못할 것이라는 뜻.
- 委軍(위군) : 군대의 일부는 버리고 손쉬운 경병(輕兵)만을 동원하여 싸우는 것.

• 輜重(치중) : 군의 보급을 수송하는 치중부대(輜重). 경병만
을 동원하여 전쟁에 임하면 경병들은 행동이 빨라서 빨리
진군할 것이므로 무거운 짐을 나르는 보급부대는 이를 따
르지 못한다. 보급부대가 따르지 못하면 아무리 경병이라
도 전투를 수행하지 못할 것이다.

* 전쟁은 군대의 동원부터가 어렵다. 그때그때의 싸움에 알맞는
부대를 동원할 줄 아는 것부터가 전쟁의 비결이다. 병력이 많으면 유
리하다고만 생각하고 대부대를 동원하다 보면 자연히 행동이 느려
지고 수속이 복잡하여 여러 날이 걸리므로 공격에 늦게 된다. 그렇다
고 동원하기 쉬운 기병(騎兵)이나 전차부대만으로 이끌고 나가다 보
면 보급부대가 뒤를 따르지 못하여 낭패를 당하게 될 것이다. 현대전
에 있어서도 공군과 전차부대 같은 쾌속병종(快速兵種)과 중포(重砲)
부대나 치중(輜重) 같은 행동이 느린 부대와의 연락은, 곧 문제거리
가 되고 있다. 전진한 쾌속부대가 적의 유격대에게 뒷길을 차단당하
여 고립무원(孤立無援)한 상태에 빠진 경우는 근대전에 있어서도 그
예가 허다하다.

6.

그러므로 갑옷을 말아 쥐고 가벼운 몸으로 진군하며

밤낮을 쉬지 않고 평소의 두 배 길을 한꺼번에 달려가 백 리 밖에서 적과 이로움을 다툰다면, 곧 삼군의 장수들이 모두 사로잡힐 정도로 참패할 것이다. 튼튼한 사람은 먼저 도착하지만 지친 사람들은 뒤질 것이기 때문에, 군사들의 10분의 1정도가 전장(戰場)에 도착하는 것이 원칙이다. 50리 밖에 가서 적과 이로움을 다툰다면, 곧 상장군(上將軍)까지도 큰 피해를 당할 것이며 전장에는 반수 정도가 도착하는 게 원칙이다. 30리 밖을 가서 적과 이로움을 다툰다면, 곧 3분의 2정도의 병력이 전장에 도착할 것이다.

是故卷甲而趨, 日夜不處, 倍道兼行, 百里而爭利, 則擒三將軍. 勁者先, 疲者後, 其法十一而至. 五十里而爭利, 則蹶上將軍, 其法半至. 三十里而爭利, 則三分之二至.

- 卷甲(권갑) : 몸을 가볍게 하기 위하여 갑옷을 벗어 말아서 짊어지는 것.
- 趨(추) : 나아감. 행군함.
- 不處(불처) : 머물러 쉬지 않는 것.
- 倍道(배도) : 평소에 행군하던 두 배 거리의 길.

- 兼行(겸행) : 쉬지 않고 한꺼번에 행군해 가는 것.
- 擒三將軍(금삼장군) : 삼군(三軍)의 장수들이 모두 사로잡힌다. 곧 전군이 멸망당함을 뜻한다.
- 勁(경) : 힘 있고 몸이 튼튼한 것.
- 疲(피) : 지치고 몸이 약한 것.
- 法(법) : 원칙. 원리.
- 十一而至(십일이지) : 열에 한 사람 꼴로 전장(戰場)에 도착한다. 곧 10분의 1 병력이 도착한다.
- 蹶(궐) : 쓰러지게 하다. 큰 피해를 주다. 상장군이 죽지는 않더라도 겨우 목숨이나 건져 도망쳐 올 것이라는 뜻.

* 유리하다고 해서 덮어놓고 진군하다 보면 낭패를 당한다. 먼 길을 서둘러 갈수록 군사들은 지치고 보급이 연결되기 어려울 것이기 때문이다.

「오자(吳子)」에서 전쟁의 비결을 논하여,

「가까운 거리를 움직임으로써 먼 거리를 움직이도록 기다리고, 평안히 있음으로써 수고롭기를 기다리며, 배불리 지내면서 굶주리기를 기다린다.」(治兵)

고 하였는데, 먼 거리를 강행군하여 싸운다는 것은, 곧 적에게 오자가 말한 전쟁의 비결을 갖추어 주는 것이다. 수(隋)나라 양제(煬帝)와 당(唐)나라 태종(太宗)이 여러 번 고구려를 원정하다 실패한 큰 원인도 여기에 있었을 것이다.

7.

그러므로 군대는 치중(輜重)이 없어도 망하고, 양식이
없어도 망하고, 축적된 군비가 없어도 망한다.

是故軍無輜重, 則亡. 無糧食, 則亡. 無委積, 則
亡.

• 委積(위적) : 쌓아놓은 군비(軍備) 물자.

* 군대의 생명이 보급에 달렸다는 것은 말할 것도 없다. 무기의
보급이 잘되어야 하고, 식량 보급이 잘되어야 하며, 그러기 위하여
는 나라에 전쟁을 수행할 만한 군수물자의 축적이 있어야만 한다.
이러한 경제적인 뒷받침 없이 군대는 전쟁을 수행하지 못한다. 그러
기에 군대는 움직임에 있어서는 언제나 무기와 식량의 원활한 공급
을 염두에 두어야 한다. 그리고 전쟁을 일으키기 위하여는 전쟁에 필
요한 군수물자들이 충분히 갖추어져 있어야만 한다. 군비의 저축 없
이 전쟁을 시작하는 것처럼 무모한 일은 없을 것이다. 현대로 오면
서 무기와 전쟁수단이 발달할수록 경제력은 전쟁에 더욱 커다란 영
향을 미치고 있다. 현대에는 경제력이 곧 국력이란 경향으로 기울어
져 가고 있다.

8.

　그러므로 여러 제후(諸侯)들의 계책을 알지 못하는 자는, 만약에 대비하며 미리 외교를 하지 못한다. 산과 숲의 험난한 곳과 늪과 못이 있는 지형을 알지 못하는 자는, 군대를 진군시키지 못한다. 길을 안내하는 길잡이를 쓰지 않으면, 유리한 지형을 확보하지 못한다.

　故不知諸侯之謀者, 不能豫交. 不知山林險阻沮澤之形者, 不能行軍. 不用鄕道者, 不能得地利.

- 豫交(예교) : 미리 만약의 사태에 대비하여 외교관계를 맺어 놓는 것. 그래야만 위급할 적에는 이웃 나라의 원조를 얻을 수 있다.
- 險阻(험조) : 지형이 험난한 곳.
- 沮澤(저택) : 축축한 습지와 못. 늪과 호수.
- 鄕道(향도) : 길잡이. 적지에 사는 사람으로써 그 지방의 지형에 소상하여 길을 안내하는 사람.

　＊ 전쟁을 하기 위하여는 적국 이외의 여러 나라들과도 외교 관계를 맺어 그들과 잘 사귀어 놓아야 한다. 다른 나라들의 의도는 무시하고 적국이 약하다고 가벼이 전쟁을 하다 보면 다른 나라들이 그

허를 이용하여 우리나라를 침범할지도 모르고, 또 적극적으로 적국을 도울는지도 모른다. 그렇게 되면 전쟁은 매우 불리해진다.

그리고 전쟁을 하려면 전쟁을 할 곳의 지형에 소상하여야 한다. 우선 지형을 정확히 파악하여야만 거기에 따라 유리한 작전계획을 세울 수 있다. 지형에 어두우면 언제 어디에서 적이 기습을 감행할는지 짐작조차도 못한다. 그리고 일단 행군을 하게 되면 그 지방에 사는 그곳 지리에 밝은 사람을 골라 길잡이로 이용해야 한다. 길잡이가 있어야만 쉽사리 지형을 이용하여 유리한 전투를 할 수 있도록 군대를 이동시킬 수 있다는 것이다.

9.

그러므로 군대의 동정은 사술(詐術)에 의하여 결정되고, 이로움을 따라 움직이게 되며, 군대를 분산시켰다 모았다 함으로써 변화를 일으키는 것이다.

故兵以詐立, 以利動, 以分合爲變者也.

• 詐(사) : 속임수, 사술(詐術), 위계(僞計).
• 分合(분합) : 군대를 전개시켰다 모았다 하는 것.

＊ 전쟁은 사회질서의 파괴 또는 사회 도덕의 부정이다. 따라서 전쟁 윤리는 수단 여하를 막론하고 하루 속히 적은 희생으로 승리를 거두는 것이 최고의 선(善)이다. 정정당당히 한번 치고 한 번 얻어맞고 하며 공평히 싸우는 것은 서로의 희생을 뜻하는 것이기 때문에 전쟁 윤리로서는 가장 옳지 못한 방법이다. 따라서 적을 속이는 게 전쟁에 있어서는 가장 올바른 윤리가 된다.

전쟁이란 인명이나 물자의 막대한 희생을 전제로 진행하는 것이기 때문에 군사행동은 반드시 이로움이 있는 것이어야 한다. 사회적인 윤리로 판단하여 이익 없는 군사행동을 하는 자는 어리석은 자이다. 따라서 전쟁을 유리하게 이끌기 위하여는 적의 「허실」을 유도하면서 거기에 따라 군사들은 분산시키기도 하고 한데 모으기도 하면서 변화를 일으켜야 한다. 이러한 변화야말로 적을 현혹시키는 「무형」의 진형을 이루는 방법인 것이다.

10.

그러므로 군대 행동의 신속함은 바람과 같고, 그 더딘 움직임은 나무숲과 같고, 침략하고 약탈하는 행동은 불길과 같고, 움직이지 않을 때엔 산과 같고, 속을 알 수 없는 것은 음양(陰陽)의 변화와 같고, 움직임은 벼락치는 것과 같은 것이다.

故其疾如風, 其徐如林, 侵掠如火, 不動如山, 難
知如陰陽, 動如雷霆.

- 疾(질) : 빠름, 군사행동의 신속함.
- 如林(여림) : 숲과 같다. 군사행동을 서서히 할 적에는 깊은
  숲속에 있는 것처럼 고요해야만 한다는 것이다.
- 侵掠(침략) : 적에 대한 침공과 적의 물자의 탈취.
- 陰陽(음양) : 군사행동은 음양의 변화처럼 미묘하여 적으로서
  는 그 진상을 알기 어려워야 한다는 뜻. 보통 판본에는 「양
  (陽)」자가 없는데, 「응달 속에 가리워져 있듯이 알 수 없어야
  한다」고 풀이하여도 통한다.
- 雷霆(뇌정) : 벼락치는 것.

 * 여기서는 군사행동을 비유로 설명하고 있다. 군사행동은 신속
히 할 적에는 폭풍이 부는 것처럼 빠르고 위세가 있어야 하며, 서서
히 할 적에는 아무런 소리도 들리지 않는 깊은 숲속과 같아야 한다.
적에 대한 공격을 가할 적에는 불길처럼 맹렬하여 도저히 당할 수
없어야 하며, 움직이지 않고 있을 적에는 산처럼 견고하여 감히 이것
을 건드리거나 움직여볼 염두도 내지 못하여야 한다. 그리고 군사행
동은 그 형태가 「무형」의 경지에 이르러 음양의 변화처럼 신묘하게
변화함으로써 적을 현혹시키어 꼼짝 못하도록 하여야 한다. 그리고
일단 군대가 움직이게 되면 벼락이 치는 것처럼 위협적이고 압도적

이어야만 적을 단번에 무찌를 수가 있는 것이다.

11.

적의 고을을 약탈하면 군사들에게도 물건을 나누어 주고, 적의 땅을 점령하면 그곳의 이익을 군사들과 나누며, 이익을 저울질하면서 움직여야 한다.

掠鄕分衆, 廓地分利, 懸權而動.

- 掠鄕(약향) : 적의 고을에 침입하여 물건을 약탈하는 것.
- 廓地(곽지) : 적의 땅을 점령하여 영토를 넓히는 것.
- 懸權(현권) : 저울에 다는 것. 이익을 계산하는 것.

* 옛날부터 전쟁에는 반드시 약탈이 뒤따른다. 어느 군대나 외국 땅을 점령하면 그곳의 보물들을 약탈했을 뿐만 아니라 여자들까지도 겁탈하였다. 나폴레옹이 험한 알프스 산을 넘을 때 몸에 선정적인 붉은 천을 두르고 부하들에게 점령할 땅의 여자들을 약속함으로써 사기를 돋구었다 한다. 그래서 전쟁은 비정(非情)하다는 것이다.

그런데 적의 땅을 점령하거나 그곳의 물건들을 약탈하면 반드시 부하들과 그 이익을 함께 나누어야 한다. 장수 혼자 이익이나 여자들

을 차지하여 재미를 본다면 부하들의 사기에도 영향이 미치려니와
군의 질서도 문란해진다. 따라서 적지를 침공하거나 점령할 적에는
반드시 그곳에서 얻어지는 이익을 계산할 줄 알아야 한다. 그래야 군
사들은 지휘관을 믿고 따르며 사기 백배하여 싸울 것이다.

12.

먼저 돌아가는 것과 곧바로 가는 계책을 아는 사람이
승리한다. 이것이 군대가 다투는 원리인 것이다.

先知迂直之計者, 勝. 此軍爭之法也.

• 法(법) : 법칙, 원리.

＊전쟁을 함에 있어서는 갈 길을 돌아가면서도 적보다 먼저 목적
지에 도달하는 묘리(妙理)를 터득해야 한다. 남이 보기에는 쓸데 없
는 짓을 하는 것 같고 어리석은 듯하면서도 목표를 달성하는 데에
는 재빨라야 한다는 것이다. 손자는 이 한 마디 말로써 전쟁의 원리
를 요약하고 있는데, 이 간단한 한 마디 말에는 앞에서 논한 「허실」
의 응용이나 「기병」과 「정병」의 사용 같은 것까지도 다 포함되고 있
는 것이다.

13.

「군정(軍政)」에 말하기를,

「말로는 서로 들을 수가 없기 때문에 징과 북을 쓰며, 눈으로도 서로 볼 수가 없기 때문에 깃발을 쓰는 것이다.」고 하였다. 징과 북과 깃발 같은 것은 사람들의 귀와 눈을 통일하기 위한 것이다.

軍政曰, 言不相聞, 故爲之金鼓, 視不相見, 故爲之旌旗. 夫金鼓旌旗者, 所以一人之耳目也.

- 軍政(군정) : 손자가 참고한 옛날의 병서 이름.
- 金鼓(금고) : 징과 북. 옛날 군대에서는 일반적으로 북은 진격의 신호, 징은 후퇴의 신호로 사용하였다.
- 旌旗(정기) : 신호용으로 쓰던 여러 가지 깃발.

* 군대를 지휘하기 위하여 소리를 크게 내는 징이나 북과 구별이 선명한 깃발을 신호로 쓴다. 무전통신이 발달한 현대에 있어서도 이러한 신호 방법은 아직도 쓰이고 있다. 이러한 신호에 의하여 전군이 통일된 행동을 하지 못하면 군대는 전쟁을 원만히 수행하기 어렵다.
「오자(吳子)」에서는,
「작은 북·큰북과 징·방울은 귀를 통하여 위복(威服)케 하는 것

이고, 여러 가지 깃발들은 눈을 통하여 위복케 하는 것이다.」(論將)

고 말하고는, 다시

「모든 전쟁하는 방법은 낮에는 여러 가지 깃발들로써 지휘 신호를 삼고, 밤에는 징·북·피리·저로써 지휘 신호를 삼는다.」(應變)

고 하면서, 그 신호 방법을 다음과 같이 설명하고 있다.

「깃발을 왼편으로 흔들면 왼편으로, 오른 편으로 흔들면 오른 편으로 진군한다. 북을 치면 진격하고 징을 울리면 멈춘다. 한 번 피리를 불면 행군을 하고, 두 번 불면 집합한다. 영을 따르지 않는 자는 벤다.」(應變)

군대가 전투를 할 적에는 이러한 신호에 따라서 행동 통일이 잘되어야만 하는 것이다.

14.

사람들이 이미 통일된 다음에는 곧 용감한 자라도 홀로 진격하지 못하고, 겁 많은 자라도 홀로 물러나지 못한다. 어지러히 뒤섞이어, 어지러이 싸우면서도 혼란해지지 않고, 알 수 없는 혼돈상태이면서도 원만한 형세를 이루어 패배하지 않는다. 이것이 군사들을 부리는 원리인 것이다.

人旣專一, 則勇者不得獨進, 怯者不得獨退. 紛紛
紜紜, 鬪亂而不可亂, 混混沌沌, 形圓而不可敗. 此
用衆之法也.

- 專一(전일) : 한 곳으로 통일되는 것.
- 怯(겁) : 겁내다.

* 전쟁시 신호를 통하여 여러 군사들의 행동을 통일하는 방법
을 논한 것이다. 전쟁에 있어서는 군인들의 개인적인 행동은 여하
한 애국적이고도 용감한 행동이라 하더라도 금하여야 한다. 전군
이 장수의 의사에 따라 한 몸이 되어 유기적으로 움직일 때 비로
소 그 군대는「무형」의 군형을 사용할 수 있는 막강한 군대가 되는
것이다.

「오자(吳子)」에서도,

「지휘에 전군이 위복(威服)하고 사졸들은 명령을 따른다면, 전쟁
에 있어서 그에게 강적이 없게 되고 공격함에 있어서 견고한 진(陣)
이 없게 되는 것이다.」(應變)

고 하였다.

15.

그러므로 밤에 싸울 적에는 불과 북을 많이 쓰고, 낮에 싸울 적에는 깃발을 많이 쓰는데, 사람들의 귀와 눈에 변화가 오기 때문인 것이다.

故夜戰多火鼓, 晝戰多旌旗, 所以變人之耳目也.

• 變人之耳目(변인지이목) : 사람의 귀와 눈이 변화하다. 밤낮의 바뀜에 따라 신호로 쓰는 물건들이 바뀌는 이유를 설명한 것이다.

* 「오자」는 신호로 쓰이는 물건들로써 여러 가지 깃발들과 함께 징·북·피리·저(笛)를 들고 불은 얘기하지 않고 있다. 그러나 일반적으로 많이 쓰이던 야간 신호로는 불을 빼놓을 수 없을 것이다. 「위료자(尉繚子)」에는 신호의 기본 방법을 다음과 같이 설명하고 있다.

「징·북·방울·깃발 네 가지는 각기 법도가 있다. 북을 치면 진격하고 거듭 치면 공격한다. 징을 울리면 정지하고 거듭 울리면 후퇴한다. 방울은 명령을 전하는 것이다. 깃발은 왼편으로 흔들면 왼편으로 가고 오른편으로 흔들면 오른편으로 간다. 기병(奇兵)은 이와 반대의 신호를 사용한다.

북을 한번 치면 한번 공격하고 왼편으로 이동하며, 또 북을 치면 한번 공격하고 오른편으로 이동한다. 한 발자국마다 북을 한번 치는 것은 행진조(行進調)의 북이고, 열 발자국마다 한번 북을 치는 것은 구보조(驅步調)의 북이다. 상(商)음을 내는 것은 장수의 북이고, 각(角)음을 내는 것은 아래 부대장(師)들의 북이며, 작은 북은 그 아래 부대장(伯)들의 북이다. 이 세 가지 북소리가 한결같다는 것은 장수와 휘하 부대장들의 마음이 한결같음을 뜻한다. 기병(奇兵)은 이와 반대되는 신호를 쓴다.」(勒卒令)

16.

적군의 기(氣)를 뺏어야 되고 장군은 적의 마음을 뺏어야 한다.

三軍可奪氣, 將軍可奪心.

- 氣(기) : 용기, 사기, 싸우려는 기백, 기세 등을 아울러 뜻한다.
- 心(심) : 싸우려는 의지, 냉정한 판단력 등을 아울러 뜻한다.

* 싸움에 기(氣)가 죽으면 이미 패배한 거나 마찬가지이다. 임진왜란 때 충무공 이순신이 옥포(玉浦) 싸움에서 왜선 226척을 불사르

고 합포(合浦)에서 5척, 적진포(赤珍浦)에서 13척을 섬멸시키고 연이어 사천(泗川) 앞바다 당포(唐浦)에서 51척, 한산섬(閑山島) 싸움에서 73척을 쳐부수었다. 이렇게 되자 일본 수군(水軍)들은 이순신의 함대만 보면 기가 죽어 싸울 엄두도 내지 못하고 쩔쩔맸다. 이순신 장군은 적군의 싸울 마음을 다 뺏어버렸던 것이다. 이미 앞에 쓴 전과부터가 왜군이 기가 죽어 정상적으로 움직이지 못한 데서 얻어진 것이라고도 할 수 있다. 군사들이 기가 죽으면 장수도 싸울 의욕이 사라질 것이다.

17.

그러므로 아침의 기(氣)는 예리(銳)하고, 낮의 기는 느슨(惰)하고, 저녁의 기는 돌아가고만(歸) 싶어지는 것이다. 용병을 잘하는 사람은 적의 예리한 기를 피하고, 그들의 느슨해지고 돌아가고만 싶어하는 기를 치는 것이다. 이것이 기를 다스리는 사람인 것이다.

是故朝氣銳, 晝氣惰, 暮氣歸. 善用兵者, 避其銳氣, 擊其惰歸. 此治氣者也.

• 朝氣銳(조기예) : 아침은 휴식을 취하고 난 뒤인데다가 공기

도 신선하므로 사람들의 기(氣)도 청신하고 예리하다.

- 惰(타) : 게으르다. 느슨해지다. 점심 나절부터는 원기가 줄어들기 시작한다.
- 歸(귀) : 저녁이 되면 지쳐서 기운이 다 빠진다. 귀(歸)는 「기운이 다 돌아가 버린다」 곧 「기운이 없어져 버린다」는 뜻으로 풀이해도 좋고, 「기운이 빠져 빨리 막사(幕舍)로 돌아가 쉬고 싶어진다」고 풀이해도 된다.

＊ 앞 대목을 이어받아 전쟁에서 적의 기를 제압하여 전쟁에 승리하는 방법을 논한 것이다. 여기서는 기본적인 방법이어서 아침과 낮과 저녁에 따라 사람의 기가 다르니, 기가 예리한 아침에 적을 공격해서는 안 된다고 하였다. 그러나 실전에 있어서는 반드시 아침이라고 기가 예리하기만 한 것은 아니다. 이러한 원칙을 응용하여 밤에 잠을 못 자게 만들면 아침이라 하더라도 기가 느슨하거나 죽어 있을 수도 있다. 사기 충천하고 휴식을 취한 군대는 저녁이라도 기가 예리할 수 있다. 다만 적을 공격할 적에는 적의 기를 살피어 기가 예리한 시기만은 공격을 피하여야 한다는 것이다. 말을 바꾸면, 한 발 더 나아가 기가 예리한 적은 먼저 기가 죽도록 만든 다음 공격해야 한다는 뜻이 된다.

「오자(吳子)」를 보면, 무후(武侯)가

「난폭한 적이 갑자기 쳐들어와서 우리의 밭과 들을 약탈하고, 우리의 소와 말을 가져간다면, 곧 어떻게 하면 좋겠습니까?」

하고 묻자, 오기(吳起)는 다음과 같은 대답을 한다.

「난폭한 적이 쳐들어올 적에는 반드시 그들의 기세가 강할 것이니 잘 지키기만 해야지 이와 맞싸우면 안됩니다. 그들이 저녁때 돌아가려 할 무렵이면 그들의 짐이 반드시 무거워졌을 것이고 그들의 마음도 반드시 두려워하게 되어 마음은 돌아가려고만 서둘러 반드시 부대 사이의 연락도 되지 않을 것입니다. 이들을 추격하여 공격하면 적군을 멸망시킬 수 있을 것입니다.」(應變)

오기의 이러한 전법은 손자가 말한 기를 이용한 것이라 할 수 있다. 적의 기가 강하면 가만히 보고만 있다가, 적의 기가 약해졌을 때 공격하라는 것이다.

18.

다스리고 있음으로써 적의 혼란을 기다리고, 고요히 있음으로써 적이 떠들썩해지기를 기다려야 한다. 이것이 마음을 다스리는 것이다.

以治待亂, 以靜待譁. 此治心者也.

• 譁(화) : 떠들썩한 것. 시끄럽게 소동을 일으키는 것.

* 이것은 앞에서 말한 장군의 마음을 뺏는 방법이다. 장군의 마음은 쉽사리 뺏기 어려운 것이다. 오래 참고 견디는 인내력이 있어야 한다. 조금도 문란하지 않은 모습으로 질서 정연히 움직이면서 적이 혼란을 일으키기를 기다려 공격을 개시한다. 편안하고 고요히 있다가 적군에서 소란이 일어났을 때 공격을 개시한다. 그러면 적의 장수는 질서정연한 모습으로 고요히 있다가 번개처럼 자기의 허를 찌르는 것을 보고 간담이 서늘해질 것이다. 이것은 장군이 자기의 마음을 뺏기는 것이다. 「오자」에서도 전쟁의 승리는 병력이 아니라 「다스림(治)」에 의하여 좌우된다고 하였다. 「다스림」이란, 질서정연하게 지휘자의 통솔 아래 움직이는 것을 말한다. 상대방의 군사가 아무리 기다려 보아도 혼란을 일으키는 기색이 없다면 보고만 있어도 그 장수의 마음은 스스로 흔들릴 것이다.

19.

가까이 움직임으로써 멀리 움직이기를 기다리고, 편안히 지냄으로써 수고롭기를 기다리고, 배부르게 지내면서 굶주리기를 기다려야 한다. 이것이 힘을 다스리는 것이다.

以近待遠, 以佚待勞, 以飽待饑. 此治力者也.

- 佚(일) : 편안함, 편히 지냄.
- 饑(기) : 굶주림.

* 이와 똑같은 말이 「오자」에도 보인다. 자기는 조금 움직이고 적은 되도록이면 많이 움직이도록 만들며, 자기는 편히 지내면서 적은 고생을 하도록 만들며, 자기들은 배불리 잘 먹고 지내면서 적군은 굶주리도록 만들면, 적은 기운이 빠지고 지쳐서 싸울 엄두도 못낼 것이다. 전쟁을 잘하려면 이처럼 적의 힘을 뺌으로써 자기편에 유리하도록 「힘」을 조절할 줄 알아야 한다는 것이다. 그래야 전쟁에 이길 수가 있다.

20.

질서정연하게 깃발을 세우고 오는 적은 맞아 싸우지 말아야 한다. 당당한 진형(陣形)을 갖추고 있는 적은 공격하지 말아야 한다. 이것이 변화를 다스리는 것이다.

勿邀正正之旗. 勿擊堂堂之陣. 此治變者也.

- 邀(요) : 맞아 싸우는 것.
- 正正(정정) : 들고 오는 깃발이 질서정연한 것.
- 堂堂(당당) : 진형(陣形)에 위엄이 있는 모양.

* 깃발이 질서정연하다는 것은 그 군대 전체가 질서정연하고 사기가 충천하다는 것을 의미한다. 이러한 적병이 공격해 오면 바로 맞아 싸우지 말고 잘 수비만 하고 있으면서 그들의 기가 죽기를 기다려야 한다는 것이다. 또 공격하려는 적의 진형에 위엄이 있고 당당하면 이들을 공격해서는 안 된다. 수비하는 진형이 당당하다는 것은 사기가 왕성함을 뜻하기 때문이다.

여기의 「쟁편(爭篇)」의 전쟁 방법을 종합해 보면, 첫째 적군의 기를 다스릴 줄 알아야 되고, 둘째 적의 장수의 마음을 다스릴 줄 알아야 되고, 셋째 적의 전투력을 다스릴 줄 알아야 되고, 넷째 적의 변화를 다스릴 줄 알아야 된다는 것이다. 변화를 다스리는 문제에 대하여는 앞 「허실」을 논할 때 설명되었으니, 여기에서는 거듭 설명하는 것을 피한다.

그리고 보통 판본엔 이 아래 「고용병지법(故用兵之法), 고릉물향(高陵勿向)」 이하 43자가 더 붙어있는데, 「고본」에서는 이와 비슷한 내용이 다음의 「구변편(九變篇)」으로 넘어가 붙어 있다.

이 책에선 「고본」이 옳다고 여겨지므로 이 편을 여기에서 끝맺는다.

손자

제8권

8. 구변편九變篇

이곳의「구」는 양수(陽數)로써 많음을 뜻하는 수여서,「구변」이란 용병상의 수많은 변화를 뜻한다. 따라서「구변」이란 말뜻은「천변만화(千變萬化)」나 같은 말이다. 위(魏)나라 조조(曹操)는「올바른 병법을 변화시켜 사용할 게 아홉 가지임을 뜻한다.」하였고, 어떤 이는「구지(九地)」의 변화란 뜻이라고도 풀이하여「구(九)」를 정수(正數)로 보기도 한다.

전쟁은 실제로 변화무쌍한 것이다. 앞의「정병」과「기병」을 논할 때나「허」와「실」을 논할 적에도 군대의 변화에 대하여는 이미 많은 설명을 하였다.

그러나 여기에서는 좀 더 구체적인 실전에 있어서의 변화를 논하는 것이다.

1.

손자가 말하였다.

용병하는 방법은 장수가 임금으로부터 명령을 받아 가지고 군사들을 모아 군대의 편제를 정돈하는 것이다. 높은 언덕의 적을 향해 공격해서는 안되고, 언덕을 뒤에 두고 쳐내려오는 적은 맞서 싸워서는 안되며, 거짓 패한 체 도망치는 적은 뒤쫓아서는 안된다. 예기(銳氣)에 찬 군사들은 공격해서는 안 되고, 미끼로 내놓은 군사들은 다치지 말아야 한다. 자기 고향으로 돌아가는 군사들은 막으면 안되고, 적병을 포위할 적에는 도망칠 구멍도 없이 둘러싸면 안 된다. 궁지에 몰린 적을 너무 핍박해서는 안되고, 고립된 지점에 머물러서는 안 된다. 이것이 용병하는 방법이다.

孫子曰, 凡用兵之法, 將受命於君, 合軍聚衆. 高陵勿向, 背丘勿逆, 佯北勿從, 銳卒勿攻, 餌兵勿食, 歸師勿遏, 圍師勿周, 窮寇勿逼, 絕地勿留. 此用兵之法也.

- 將受命於君, 合軍聚衆(장수명어군, 합군취중) : 이 구절은 앞 쟁편(爭篇)의 첫머리에도 보이는 것인데, 여기엔 착간(錯簡)으로 말미암아 잘못 끼어든 구절인 듯하다.
- 高陵(고릉) : 높은 언덕, 높은 언덕에 진을 치고 있는 적.
- 勿向(물향) : 그런 적을 향하여 공격하지 말라. 왜냐하면 낮은 곳에서 높은 곳을 향하여 공격하는 것은 불리하기 짝이 없기 때문이다.
- 背丘(배구) : 언덕을 등에 지고 낮은 곳을 향해 공격해 오는 것.
- 逆(역) : 공격해 오는 적을 거스르며 맞서 싸우는 것.
- 佯北(양배) : 거짓 패배한 체 달아나는 것.
- 餌兵(이병) : 미끼로 내놓은 군사들. 공것을 먹듯이 이들을 건드리려 하다가는 오히려 적의 계략에 걸려서 크게 실패할 것이다.
- 歸師(귀사) : 전쟁을 중지하고 자기 고향으로 돌아가는 군사들.
- 遏(알) : 길을 막고 공격하는 것.
- 勿周(물주) : 빈틈 없이 포위하지 말라는 뜻. 보통 판본엔「必

闕(필궐)」로 되어 있어 반드시 도망칠 틈은 남겨두어야 한다
는 뜻으로 풀이해도 통한다.

- 窮寇(궁구) : 궁지에 몰려 있는 적.
- 逼(핍) : 핍박하다. 지나치게 몰아세우다.
- 絶地(절지) : 외부와의 연락이 끊긴 고립된 땅.

* 여기엔 군사행동에 있어서 조심하여야만 할 아홉 가지 일을 얘기하고 있다. 보통 판본에선 이 대목과 비슷한 글이 앞「쟁편(爭篇)」끝머리에 붙어 있다. 그러나 내용상으로 볼 때, 이 대목은「구변편」에 속하는 게 옳을 것으로 믿는다.

자기 군사들을 변화시키기 전에 적의 변화에 대응하는 방법을 알아야 함으로, 먼저 변화가 여기에 쓴 것과 같은 현상을 나타낼 적에 취하여야 할 행동을 주의시키고 있는 것이다.

2.

길에는 가서는 안될 길이 있다. 군대에는 공격해서는 안될 부대가 있다. 성에는 공격해서는 안될 성이 있다. 땅에는 빼앗고자 다투어서는 안될 지형이 있다. 임금의 명령 중에는 받아들여서는 안될 명령이 있다. 그러므로 장수로서 여러 가지 변화의 이점에 통달해 있는 사람은

용병할 줄 아는 사람이다.

途有所不由, 軍有所不擊, 城有所不攻, 地有所
不爭, 君命有所不受. 故將通於九變之利者, 知用兵
矣.

- 途(도) : 도(道)와 통하여, 길.
- 由(유) : 그 길을 이용하여 행군하는 것.
- 坦地無舍, 衢地合交, 絶地勿留, 圍地則謀, 死地則戰(이지무
  사, 구지합교, 절지물류, 위지즉모, 사지즉전) : 낮은 습한 땅에 사
  영(舍營)하면 안 된다. 교통이 편리한 사방으로 통하는 곳
  에서 싸우게 되면, 다른 나라들과 국교를 잘 맺어야 한다.
  고립된 지역에 머물러서는 안 된다. 포위당하기 쉬운 지형
  에 들어갔으면 곧 빠져나오도록 꾀해야 한다. 후퇴도 전진
  도 할 수 없는 사지(死地)에 빠지면 죽음을 무릅쓰고 싸운
  다. 보통 판본에는 이상 스무 자가 이 대목 앞에 더 들어 있
  다. 그러나 뒤 「구지편(九地篇)」에 이와 비슷한 내용이 다시
  보이며, 또 내용상으로 볼 때에도 이것은 잘못 이곳에 끼인
  것으로 보여진다. 「고본」의 글이 옳게 생각되어 고본을 따
  른다.

* 군사행동은 앞뒤를 잘 살피어 적의 허실과 자신의 처지를 참작
하여 행해져야 한다. 편리한 길이 있다고 덮어놓고 그 길을 이용하

거나 눈앞에 적의 성이 있다고 덮어놓고 공격을 하다가는 실패한다. 편리한 길이 앞에 있다 하더라도 주위의 사정을 살피어, 그 길로 가는 것이 적에게 알려지거나 지형이 불리할 가능성이 있으면 안전한 길을 찾아 돌아갈 줄 알아야 한다. 진격하다가 조그만 적의 성이 나타나더라도 그 성의 수비가 견고하거나 그대로 두고 진격하여도 그 성은 고립되어 스스로 항복하는 수밖에 없다고 생각되면 그대로 두고 진격하여도 그 성은 고립되어 스스로 항복하는 수밖에 없다고 그대로 두고 진격하여 다른 적과 싸우도록 하여야 한다. 다른 모든 군사행동도 이처럼 앞뒤 사정을 살피어 여러 가지 변화에 따른 이점을 추구하여야 한다는 것이다. 심지어 임금의 명령까지도 거역해야만 할 경우가 있다는 것이다.

3.

장수가 여러 가지 변화의 이점에 통달해 있지 않으면, 비록 지형을 안다고 하더라도 지형의 이로움을 이용하지 못할 것이다. 군사들을 다스리면서도 여러 가지 변화의 술법을 알지 못한다면, 비록 앞의 다섯 가지 이점을 안다 하더라도 군사들을 잘 이용하지 못할 것이다.

將不通於九變之利, 雖知地形, 不能得地利矣. 治

兵不知九變之術者, 雖知五利, 不能得人之用矣.

- 五利(오리) : 다섯 가지 이점. 앞의 〈구변(九變)〉을 아홉 가지 변화 「고릉물향(高陵勿向)부터 절지물류(絶地勿留)까지의 아홉 가지」로 보는 한편, 「길에는 가서는 안될 길이 있다(途有所不中)로부터 임금의 명령은 받아들여서는 안될 것이 있다(君命有所不受).」까지의 다섯 가지를 흔히 오리(五利)라 한다. 그러나 어떤 판본엔 오(五)가 지(地)로 되어있는 판본이 있으며, 앞의 다섯 가지는 이점이라 보기 어려운 내용들이므로, 여기서는 「지리(地利)」가 옳을 것도 같다.
- 人之用(인지용) : 군사들을 이용하여 싸우는 것.

* 장수는 전쟁을 하자면 군사행동의 여러 가지 변화의 이점을 알아야 하고, 또 그러한 변화에 적응할 수 있는 술법을 알아야 한다. 그래야만 지형을 이용하여 유리한 전쟁을 할 수 있다.

「맹자(孟子)」를 보면, 「하늘의 때(天時)는 땅의 유리함(地利)만 같지 못하고, 땅의 유리함은 사람들의 화합(人和)만 같지 못하다.」고 하였는데, 이것은 일반 사회생활뿐만 아니라 병법에까지도 적용되는 말이다.

손자는 이 책의 첫머리에서 전쟁의 승리를 좌우하는 다섯 가지 일로 「도(道)·하늘(天)·땅(地)·장수(將)·법(法)」을 들었지만, 다섯 가지 중 「도·장수·법」의 세 가지는 사람들에 관한 것이다. 이 세 가

지가 올바로 되어야 「사람들이 화합」하여 유리한 전쟁을 수행할 수
있고, 땅의 이점과 하늘의 때까지도 이용할 수 있는 것이다. 그러므
로 전쟁에 승리하기 위하여는 장수가 땅의 유리함이나 하늘의 때를
아는 것도 중요하지만, 여러 가지 전쟁의 변화를 알고 거기에 대처하
는 방법을 아는 것이 더 중요하다는 것이다.

4.

그러므로 지혜 있는 사람의 생각에는 반드시 이해(利
害)가 뒤섞이어 있다. 이(利) 속에도 해(害)가 섞여 있음
을 분간하면 하는 일은 신용을 얻게 될 것이다. 해 속에
도 이로움이 섞이어 있음을 분간하면 환난을 해결할 수
있을 것이다.

是故智者之虞, 必雜於利害. 雜於利, 而務可信也.
雜於害, 而患可解也.

- 虞(우) : 걱정, 생각. 보통 판본엔 慮(여)로 되어 있으나 같은
  뜻임.
- 雜於利(잡어리) : 해가 「이로움 속에 섞여 있음」을 분간하여
  조심한다.

• 務(무) : 하는 일.

• 雜於害(잡어해) : 이로움이 「해 속에 섞이어 있음」을 분간하여 잘 처리한다면.

* 지혜 있는 장수는 언제나 이해 관계에 세심하여야 한다. 더욱이 전쟁에 있어서는 사정의 여러 가지 변화를 따라 이해 관계까지도 변하기 때문이다. 정세가 약간 유리하다고 의기양양하다가는 적의 계략에 넘어가 패배하기 쉽다. 그러므로 정세가 유리하더라도 언제나 경계를 게을리하지 말고 불리해질 수 있는 여건들을 미리 막아내야 한다. 군대가 궁지에 몰렸을 경우도 마찬가지이다. 언제나 궁지 속에도 살아갈 외길은 있는 것이니, 그 유리한 방법을 찾아나가면 결국은 위험에서 벗어날 수 있게 된다는 것이다. 그러므로 장수는 언제나 이로울 적에도 해로움을 생각하고, 해로운 처지에 놓여 있더라도 이로워질 수 있는 길을 찾아나가야만 한다.

5.

그러므로 제후들을 굴복시킬 적에는 해로움으로써 하고, 제후들을 부릴 적에는 일로써 하고, 제후들을 나아가게 할 적에는 이로움으로써 한다.

是故屈諸侯者, 以害. 役諸侯者, 以業. 趨諸侯者, 以利.

- 諸侯(제후) : 여기서는 전쟁을 하는 상대방 나라 이외의 임금들을 말한다.
- 役(역) : 일을 시키다.
- 業(업) : 여기서는 이로운 점도 있고, 해로운 점도 있는 일을 뜻한다.
- 趨(추) : 나아가다. 나아가도록 유인하다.

* 전쟁에 승리하자면 자신도 잘 싸워야 하겠지만 여러 외국들과의 관계도 좋아야 한다. 외교가 졸렬하여 다른 나라들이 모두 적국을 돕고 자기네 군사행동을 방해한다면 절대로 승리를 거둘 수 없을 것이다.

외국과 외교 관계를 수립함에 있어서도 이해를 생각할 줄 모른다면 성공하지 못한다. 다른 나라들을 자기편으로 끌어들이는 데에는 세 가지 방법이 있다. 첫째는, 외국의 약점을 잡고서 만약 우리 말을 듣지 않으면 이러이러한 해를 입을 것이니 각오하라고 억누르는 방법. 둘째는, 어떤 일들을 가지고 유리할 적에는 유인하고, 해를 받게 될 적에는 위협하는 유동적인 방법. 셋째는, 이익이 되는 일을 내세워 다른 나라들을 유인하는 방법이다. 외국과의 외교는 이처럼 이해 관계에 의하여 관계가 언제나 유동하는 것이다.

6.

그러므로 용병하는 방법은 적이 오지 않을 것이라 믿어서는 안되고, 자기의 적에 대비하여 갖춘 방비를 믿어야 한다. 적이 공격하지 않을 것이라 믿어서는 안되고, 자기의 적이 공격하지 못하도록 대비한 방위를 믿어야 한다.

故用兵之法, 無恃其不來, 恃吾有以待之. 無恃其不攻, 恃吾有所不可攻也.

* 恃(시) : 믿다. 의지하다.
* 吾有(오유) : 자기가 적에 대비하여 갖추고 있는 방비.

* 적이 일단 생기면 적이 언제든지 자기를 공격할 것이라 생각하면서 이에 대하여 충분한 방비를 하여야 한다. 설마 적이 공격하랴 싶어서 안심하고 있거나 방비를 소홀히 하다가는 크게 다친다.

임진왜란 전에 우리나라 조정에서는 도요토미 히데요시(豊臣秀吉)가 우리나라를 침략할 것이라는 소문이 분분하였다. 그래서 우리 조정에서는 김성일(金誠一)과 황윤길(黃允吉)의 두 사람을 일본에 파견하여 실정을 염탐하도록 하였다. 이들은 돌아와서 각각 다른 보고를 하였다. 황윤길은 왜적들이 전쟁 준비를 하고 있으니 우리나라를 침범할 것이라는 보고를 하고, 김성일은 왜적이 호전적이긴 하지만 우리나라 정벌까지는 계획하고 있지 않은 듯하다고 하였다. 조정에서는 이 보고를 놓고서 갑론을박(甲論乙駁)하다가 그치고 왜적에 대비하는 일은 잊었다. 이들이 아니라도 이율곡(李栗谷) 같은 학자들은 이미 10년 전에 왜적의 침입을 예언하고 군비를 갖출 것을 주장하였다고 한다. 그리고 일본을 염탐해야 할 정도로 위기를 느꼈었다면 어떻건 방비를 갖추기는 했어야 할 것이다. 설마 왜놈들이 바다를 건너 우리나라를 대거 침략할 수 있으랴 하고는 속편히 앉아있다가 당한 것이 임진왜란이었다.

그때 우리 조정 대신들이 「손자」를 읽었었더라면 그토록 비참한 패배를 맛보지는 않았을 것이다.

7.

그러므로 장수에게는 다섯 가지 위험한 경우가 있다. 필사적(必死的)으로 싸우다가는 죽음을 당하기 쉽다. 꼭 살아야겠다고 생각하며 싸우다가는 사로잡히기 쉽다. 성을 내며 성급하면 모욕을 당하여 패하기 쉽다. 곧고 결백하기만 하면 욕을 먹고 패하기 쉽다. 백성들을 너무 사랑하면 싸움이 번거로워지기 쉽다.

故將有五危. 必死可殺, 必生可虜, 忿速可侮, 廉
潔可辱, 愛民可煩.

- 必死(필사) : 죽음도 무릅쓰며 적과 싸우는 것.
- 虜(로) : 사로잡히다. 포로가 되다.
- 忿速(분속) : 성을 잘내며 조급히 행동하는 것.
- 可侮(가모) : 모욕을 가함으로써 그를 성내어 조급하게 만들
  면 이성과 판단력을 잃고 전쟁에 패하게 되기 쉽다는 것이
  다.
- 廉潔(염결) : 행동이 결렴한 것. 곧고 깨끗한 것.
- 可辱(가욕) : 결렴한 장수에게 욕을 보이면 크게 치욕으로 알
  고, 성이 나서 물불을 가리지 않고 덤벼들다가 계책에 걸려
  패하기 쉽다는 것이다.
- 煩(번) : 번거롭다. 백성들을 사랑하여 백성들의 삶과 생업
  을 아끼는 나머지 백성들을 건드리지 않으려 들면 군비와
  작전에 큰 지장을 주어 전쟁을 수행하기가 번거로워진다
  는 것이다.

* 장수는 언제나 냉철히 이해 관계를 따져 여러 가지 변화에 대처
할 수 있어야 한다.

「오자(吳子)」에서는,

「필사적이면 살고 요행히 살아남으려 들면 죽는다.」(治兵)

고 하였지만, 여기의 「필사(必死)」는 손자와 뜻이 다르다. 손자의 「필

사」는 앞뒤도 가리지 않고 이해 관계를 따질 겨를도 없이 죽음을 무릅쓰고 덤벼들어 싸우는 것을 말하고, 오자의 「필사」는 이해 관계를 따져 싸우되 죽음도 두려워하지 않는 용감한 사람을 뜻한다.

장수는 목숨뿐만 아니라 감정에 너무 치우쳐서도 안 된다. 일반 사회에서는 결렴과 사랑을 가장 훌륭한 덕의 하나로 꼽고 있지만, 전쟁터에서는 모두가 지나치면 싸움에 해로운 것이라는 것이다. 왜냐하면 감정이 한편으로 치우친다는 것은 냉정한 판단력과 공정한 이해 관계의 계산을 그르치게 만들기 때문이다.

첫머리 계편(計篇)에서 손자가 장수의 자질로서 「지혜(智)·믿음(信)·어짐(仁)·용기(勇)·위엄(嚴)」을 든 것도 마음의 평형을 잃지 않을 인격자를 고르기 위한 것이었다.

8.

이 다섯 가지 것은 장수의 잘못이며 용병의 재난이 되는 것이다. 군대들을 전멸시키고 장수까지 죽음을 당하게 되는 것은, 반드시 이 다섯 가지 위험 때문이니 잘 살피지 않으면 안되는 것이다. 이것이 용병하는 방법인 것이다.

凡此五者, 將之過也, 用兵之災也. 覆軍殺將, 必以五危, 不可不察. 此用兵之法也.

- 過(과) : 과실, 잘못.
- 覆軍(복군) : 군대를 전멸시키다. 군대가 파멸되다.

＊ 군대가 적에게 전멸당하고 장수까지 죽음을 당하게 되는 것은, 모두가 앞에서 말한 장수의 「다섯 가지 위험」 때문이라는 결론이다. 그러니 장수는 언제나 냉정히 사세를 판단하여 변화에 적응하지 않으면 안 될 것이다. 전쟁 방법이나 전쟁에 쓰이는 무기는 옛날에 비하여 크게 발전하고 있지만, 지휘관이 냉정하여야 함은 예나 지금이나 마찬가지로 꼭 요구되는 장군의 요건이다.

손자

제9권

9. 행군편 行軍篇

　「행군」이란 실재의 군사행동을 뜻한다. 이제까지는 전진(戰陣)의 변화와 그에 따른 승패(勝敗) 같은 군의 원리를 논하였지만, 여기서부터 그러한 원리를 실천하는 방법을 논한다. 「행군」은 아무래도 지금의 군사용어인 행군과 마찬가지로 군대의 이동이 중심이 될 것이다. 적의 정세와 그의 변화에 대응하기 위하여는 첫째로 요구되는 것이 군대의 이동이기 때문이다. 군대의 이동은 전쟁의 정세뿐만 아니라 지형, 기후, 시간 등이 모두 관계되므로 그렇게 쉬운 일은 아니다. 더욱이 군사 이동은 적의 공격을 피하는 것은 물론 되도록이면 적의 눈까지 속이거나 피하여야 되기 때문에 더욱 어렵다.

1.

손자가 말하였다.

군사들이 행군함에 있어서는 적을 잘 살피어야 한다. 산을 가로질러 넘어감에 있어서는 골짜기를 의지해야 한다. 식물들을 살피어 될수록이면 높은 곳을 가야 한다. 높은 곳에 적이 있어 싸움을 건다 해도 올라가며 싸워서는 안 된다. 이것이 산에서 군대가 행군하는 방법이다.

孫子曰, 凡處軍相敵, 絶山依谷, 視生處高, 戰隆無登. 此處山之軍也.

- 處軍(처군) : 군사들을 행군시키는 것.
- 相敵(상적) : 적의 정세를 잘 살피는 것.

- 紹山(절산) : 산을 가로질러 넘어가는 것.
- 生(생) : 살아 있는 식물들. 초목.
- 戰隆(전융) : 높은 곳의 적이 싸움을 걸어오는 것.

* 여기에서는 산지에서 행군하는 방법을 논한 것이다. 산지에서는 특히 적의 기습을 당하기 쉽기 때문에 적정을 정확히 파악하여야 한다. 적의 동정을 모르고 군대를 골짜기 같은 곳으로 몰아넣었다가 양편 산등성이로부터 적의 기습을 받는다면 전멸당하기 쉽기 때문이다. 그러나 적정을 완전히 파악한 뒤에는 군대들을 골짜기를 이용하여 이동시켜야 한다. 그래야만 적의 눈에 군사 이동이 띄지 않을 것이다. 그러나 산에 나무와 풀이 무성하다면 되도록이면 높은 산등성이를 이용하여 행군하여야 한다. 높은 곳에 있으면 적과 맞부딪치게 되더라도 유리한 조건 위에서 싸울 수 있으며, 나무와 풀이 무성하면 적의 눈을 피할 수 있기 때문이다.

끝으로 낮은 곳을 가다가 높은 곳에서 적이 싸움을 걸어오거나 공격하기 쉬운 소수의 적이 있다 하더라도 이들과 싸워서는 안 된다. 왜냐하면 이미 지형이 우리에게 불리함으로 피해가 클뿐더러 행군하는 사실이 적에게 알려지고 뜻한 시각에 목표지에 다다를 수 없을 것이기 때문이다.

이것이 산지를 행군하는 방법이라는 것이다.

2.

　강물을 건너면 반드시 재빨리 강물을 멀리 떠나야 한다. 적군이 강물을 건너올 적에는 강물 안에서 그들을 맞아 싸워서는 안 된다. 반쯤 건너오게 한 다음 그들을 공격하는 것이 유리할 것이다. 싸움을 하려고 한다면 강물가에 바싹 대서 진을 치고 적을 맞이하려 들어서는 안 된다. 식물들을 보아 무성하거든 높은 곳에 진을 칠 것이며, 강물 상류로부터 내려오는 적을 맞아 싸워서는 안 된다. 이것이 강물 위에서 군대가 행동하는 방법인 것이다.

　絶水, 必遠水. 敵絶水而來, 勿迎之於水内, 令半濟而擊之利. 欲戰者, 無附於水而迎敵. 視生處高, 無迎水流. 此處水上之軍也.

- 絶水(절수) : 강물을 가로질러 건너는 것.
- 遠水(원수) : 강물을 되도록이면 속히 멀리 떠나야 한다는 뜻. 강물 가까이서 적과 마주치면 행동에 제약을 받으므로 아무래도 불리할 것이기 때문이다.
- 濟(제) : 물을 건너는 것.
- 附於水(부어수) : 강물에 바짝 대서 진을 치고 있는 것.
- 迎水流(영수류) : 물의 흐름을 따라 상류로부터 내려오는 적

을 맞아 싸우는 것.

* 여기서는 물에서의 군사행동 방법을 설명하고 있다. 강물을 건너면 반드시 속히 강물을 멀리 떠나야 한다. 강물은 낮은 곳으로 흐르고 있기 때문에 강기에서 적을 맞는다는 것은 불리한 지형에서 적과 싸우게 되는 것이며, 더욱이 강물이 뒤쪽에 막혀 있어 후퇴를 해야만 할 경우에는 행동의 제약을 크게 받을 것이기 때문이다.

또 적이 강물을 건너올 때 이를 맞아 똑같이 강물 안에서 싸운다는 것은 어리석은 짓이다. 적군이 반쯤 건넜을 때 공격하면 전투에 참여할 수 있는 병력도 적으려니와 아직 대열이 갖추어져 있지 않으므로 틀림없이 적을 격멸시킬 수 있을 것이므로 우리에게 유리하다는 것이다.

적을 강 건너에 두고 있을 때 이들과 꼭 싸우고 싶다면 강가에 바짝 붙어 진을 치면 안 된다. 왜냐하면 강가에 진을 치고 있는 것을 보면 아무도 그 강을 건너와 이편을 공격하려 들지 않을 것이기 때문이다. 반드시 멀찍이 물러나 대기하면서 적이 강을 건너면 반쯤 건넜을 때 재빨리 달려들어 이들을 쳐부수도록 하여야 한다.

또 진을 칠 적에는 식물이 무성한 곳이면 적의 눈에 띄지 않으므로 되도록이면 높은 곳에 진을 쳐야 한다. 그리고 상류로부터 내려오는 적을 하류에서 맞아 싸워서는 안 된다. 지형이 상류는 높고 하류는 낮아 싸우기가 불리하려니와 또 물속에서 싸우게 되면 더욱 상류에서 내려오는 게 세가 좋고 유리할 것이기 때문이다.

3.

개펄이나 택지(澤地)를 가로지를 적에는 오직 속히 떠나 머물지 말아야 한다. 만약 개펄이나 택지 가운데에서 교전을 하게 되면 반드시 물품이 있는 곳에 의지하여 진을 칠 것이며 많은 나무들을 등지고 있어야만 한다. 이것이 개펄이나 택지에서 군사행동을 하는 방법이다.

絶斥澤, 唯亟去莫留. 若交軍於斥澤之中, 必依水草而背衆樹. 此處斥澤之軍也.

- 斥澤(척택) : 개펄과 택지.
- 亟去(극거) : 빨리 떠나야만 한다는 뜻.
- 交軍(교군) : 교전하는 것.

* 바닷가의 개펄이나 택지를 지날 적에는 우물쭈물하는 일 없이 그곳을 되도록이면 속히 지나쳐 버려야 한다. 개펄이나 택지는 사람의 행동이 부자유스럽고 복병(伏兵)이 있을 가능성이 많으므로 위험한 곳이기 때문이다. 그리고 부득이 개펄이나 택지에서 적과 싸우게

된다면, 반드시 물풀이 많은 곳에 많은 나무들을 배경으로 하여 진을 쳐야 한다. 물풀이 많은 곳이란, 택지나 개펄 가운데에서도 높은 곳이어서 싸움이 붙어도 유리한 지형이며, 더욱이 많은 나무들이 뒤에 있으면, 이를 이용하여 적의 행동을 감시하기 쉬우려니와 적이 모르게 숨어서 행동하기 좋기 때문이다. 따라서 개펄이나 택지에서 전쟁을 하게 된다면 반드시 이러한 원칙을 잊지 말고 지켜야만 할 것이다.

4.

평지나 언덕이 있는 땅에서는 편리한 곳을 택하여 진을 친다. 오른편으로 높은 언덕을 등지고, 풀과 나무가 없는 땅을 앞에 두고 풀과 나무가 무성한 땅을 뒤에 둔다. 이것이 평지나 언덕이 있는 곳에서 군대가 행동하는 방법인 것이다.

平陵, 處易. 右背高, 前死後生. 此處平陵之軍也.

- 平陵(평릉) : 평평하거나 낮은 언덕들이 있는 땅.
- 處易(처이) : 교통이나 전술적인 면에서 편리한 곳에 진을 친다는 뜻.

- 前死(전사) : 앞쪽은 나무나 풀이 없는 곳이어야 한다는 뜻.
- 後生(후생) : 뒤쪽은 나무나 풀이 무성한 지점이어야 한다
  는 뜻.

* 평지에서는 교통의 요지라든가 전략상의 요지를 점령하는 것
이 가장 중요하다. 그 다음에는 자기편이 언덕을 등지고 낮은 편의
적을 대하고 싸워야 한다. 언덕을 지키고 있으면 후면이나 좌우로
부터의 기습이 어려울 것이므로 우리에게 유리하다. 그리고 풀과 나
무가 많은 곳을 등지고 적이 공격해 오는 편을 훤히 트이게 해놓으
면 적의 행동은 분명히 드러나는 반면, 이편의 행동은 숨길 수가 있
기 때문인 것이다.

5.

이 4가지 군사행동에 있어서 이용해야 할 점은 황제(黃帝) 때부터 사방의 제후들을 쳐 이긴 방법이었던 것이
다.

凡此四軍之利, 黃帝之所以勝四帝也.

- 四軍之利(사군지리) : 앞에서 얘기한 「산지(山地)」·「강물(水)」

· 「개펄과 택지(斥澤)」· 「평지(平陵)」에서의 4가지 군사행동
  원칙의 이용.
· 黃帝(황제) : 중국의 태곳적 삼황(三皇) 가운데의 한 사람.
  B.C. 2600여 년경에 치우(蚩尤) · 염제(炎帝) · 훈육(葷粥) 등의
  여러 영웅들이 황하유역에 일어나 서로 싸우는 것을 황제
  가 평정하였다 한다. 전설에 의하면, 황제는 이때 지남거(指
  南車)를 발명하여 전쟁에 이용하였다 한다.
· 四帝(사제) : 치우 · 염제 · 훈육 같은 사방의 제후들.

  * 이상에서 말한 산지 · 강물 · 개펄 · 평지에서의 군사행동 원칙은
이미 태곳적 황제시대 때부터 전쟁에 응용되어 오던 원칙이라는 것
이다. 현대에 올수록 무기와 전술이 극도로 발달하고 있지만 아직도
군사행동에 있어서 이상과 같은 원칙은 무시할 수가 없다. 지형과 주
위의 실정을 작전에 응용할 줄 모르는 장군이라면, 지금도 승리를 거
두기 어려울 것이다.

6.

  모든 군대는 높은 곳을 좋아하고 낮은 곳을 싫어하며,
동남의 양(陽)편을 귀중히 여기고 서북의 음(陰)편을 천
히 여긴다. 사람과 동물의 위생(衛生)에 주의하여 생기
가 충실토록 하여 군대 안에 여러 가지 병이 없도록 해

야 한다. 이런 군대를 두고 필승(必勝)의 군대라 말한다.

凡軍好高而惡下, 貴陽而賤陰. 養生處實, 軍無百疾, 是謂必勝.

- 陽(양) : 태양이 비치는 동남쪽.
- 陰(음) : 태양을 받게 되는 서북쪽.
- 養生(양생) : 군사들이나 군대에서 쓰는 말과 소의 위생에 주의하는 것.
- 處實(처실) : 생기(生氣)가 충실(充實)한 건강을 유지케 하는 것.

* 모든 군대는 되도록이면 높은 곳에 진을 치고, 낮은 곳의 적을 상대하는 게 유리하다. 그리고 방향에 있어서는 동남쪽에 진을 치고, 서북쪽으로 적을 상대하고 싸우는 게 유리하다. 왜냐하면 동남쪽에는 태양이 있어 바라보아도 잘 보이지 않고 활을 쏘는 데도 불리하기 때문이다.

마키야벨리의 「병법론(兵法論)」에서도,

「군사들을 전투 위치에 배치시킴에 있어서 염두에 두어야만 할 것은 풍향(風向)과 햇빛이다. 광선에 현혹되어 사격의 명중률(命中率)이 감소되며 바람 부는 쪽을 향하면 모래나 먼지 때문에 행동의 지장을 받는다.」고 하였다.

끝으로 단체생활에 있어서 가장 주의하여야만 할 것은 질병이다. 옛날에는 지금처럼 의약이 발달하지 못했으므로 전염병 같은 것이 한번 유행하게 되는 날이면 전쟁은 해보지도 못하고 전군이 패퇴(敗退)하는 경우가 많았다. 그러므로 언제나 군사들의 위생에 유의하여 전군이 건강을 유지하도록 노력하여야 한다는 것이다.

7.

언덕이나 제방은 반드시 그 남쪽에 진을 치도록 하며, 그것을 오른편으로 등지고 있어야만 한다. 이것이 군대의 이점이며 지형의 도움인 것이다.

丘陵堤防, 必處其陽, 而右背之. 此兵之利, 地之助也.

• 陽(양) : 햇빛이 잘 드는 남쪽 양지편. 양지편에 진을 치는 게 군사들의 건강을 위하여 좋다.

* 여기서는 지형을 군사들의 건강과 함께 전투에 유리하도록 이용하는 기본 원칙을 설명한 것이다. 언덕이나 높은 지형이 있다면 반드시 양지쪽에 진을 쳐야 군사들의 건강에 유리하다. 그래서 이것을

「군대의 이점」이라 말한 것이다. 그리고 높은 곳을 오른편으로 등지고 있는 게 적을 맞아 싸우는 데 가장 유리하다. 그것은 적의 기습을 막을 수도 있으려니와 높은 유리한 지점에서 자기네 행동은 숨겨가며 유리한 전투를 수행할 수 있기 때문이다.

그래서 이것을 「지형의 도움」이라 말한 것이다.

8.

상류 쪽에 비가 내리면 물거품이 떠내려올 것이니 이를 건너려 한다 하더라도 그 거품들이 안정되기를 기다려야 한다.

上雨, 水沫至, 欲涉者, 待其定也.

- 水沫(수말) : 물거품.
- 涉(섭) : 강물을 건너는 것.

* 강물의 상류 지방에 큰 비가 내려도 옛날에는 하류 지방에서는 그 사실을 알 수가 없었다. 그래서 강물을 건너려는 군대들이 주의할 점으로서 특히 강물을 잘 관찰할 것을 얘기하고 있는 것이다. 강물에 물거품들이 떠내려오면 상류에 큰 비가 왔다는 증거이다. 갑자기 탁

류가 강물로 몰려들면 그 바람에 물거품이 물 위에 많이 생길 것이고, 물거품은 가벼움으로 무엇보다도 먼저 하류로 떠내려온다. 그러므로 물거품이 물 위에 많이 발견될 적에는 강물을 건너려던 계획을 일단 멈추어야 한다. 강물을 건너는 도중 물이 갑자기 불거나, 다 건너고 난 다음 큰 물이 져서 되돌아오기 어렵게 되면 낭패를 볼 것이기 때문이다. 장수는 담력이 크기도 해야겠지만 다른 한편으론 누구보다도 세심하여야만 한다.

9.

지형에는 절벽으로 둘러싸인 골짜기(絶澗), 땅이 움푹 들어간 좁은 분지(天井), 한번 들어가면 나오기 힘든 험한 지형(天牢), 초목이 무성하여 한번 들어가면 동서남북을 분간하기 어려운 곳(天羅), 한번 빠지면 벗어나기 힘든 늪지대(天陷), 좁은 산골짜기(天隙) 같은 곳이 있는데, 반드시 속히 그곳을 떠나 가까이 가지 말도록 하여야 한다.

우리는 그곳을 멀리하고 적은 가까이 하도록 하며, 우리는 그곳을 앞에 두고 적은 그곳을 등지도록 하여야 한다.

凡地有絕澗, 天井, 天牢, 天羅, 天陷, 天隙. 必亟
去之, 勿近也. 吾遠之, 敵近之. 吾迎之, 敵背之.

- 絶澗(절간) : 깎아 세운듯한 절벽으로 둘러싸인 깊은 골짜기.
  만약 적이 위에서 공격을 가해 오면 꼼짝도 못하고 전멸당
  할 것이다.
- 天井(천정) : 천연의 샘처럼 움푹 패인 좁은 분지(盆地).
- 天牢(천로) : 천연의 감옥처럼 한번 들어가면 빠져나오기 어
  렵게 생긴 험한 지형.
- 天羅(천라) : 천연의 그물처럼 초목이 무성하여 한번 그 속에
  들어가면 방향을 분간하기 어려운 곳.
- 天陷(천함) : 천연의 함정처럼 한번 빠지면 벗어나기 어렵게
  생긴 늪지대.
- 天隙(천극) : 천연의 틈바귀처럼 좁고 험한 골짜기.

* 여기에 나오는 지형에 관한 숙어들은 손자가 지어낸 것으로서
무척 재미있다. 이러한 험한 지형 속에 들어가 갇히는 날이면, 적이
공격을 하더라도 대항해 보지도 못하고 전멸당하고 말 것이다. 그런
지형은 그 속에 빠지지 않고, 그런 지형 가까이 있기만 하더라도 행
동의 큰 제약을 받게 된다. 그러므로 되도록 우리 편은 그런 곳을 멀
리 떠나고 적으로 하여금 그런 곳을 가까이 하다가 그곳에 빠지도록
하여야 할 것이다.

그리고 적과 대전할 때 반드시 그런 지형을 앞에 두고 있어야 한다. 그러면 적은 우리를 공격하려고 그런 지형을 거쳐 오게 될 것이다. 적은 반드시 그런 지형을 등지고 있도록 만들어야 한다. 그것은 우리의 공격은 쉽지만 그들은 배수진(背水陣)을 친 거나 마찬가지로 후퇴하기 어려울 것이기 때문이다. 더구나 현대전에서 이런 지형 속에 보병이 들어갔다가는 한 사람의 적병에 의하여 대부대라도 전멸당할 수 있을 것이다.

10.

군대 근방에 험난한 곳 연못이나 웅덩이 갈대밭 숲 관목과 풀이 우거진 곳이 있으면 반드시 되풀이하여 수색하여야 한다. 이런 곳은 간계가 숨겨져 있는 장소인 것이다.

軍旁有險阻, 潢井, 蒹葭, 林木, 翳薈, 必謹覆索之. 此伏姦之所也.

- 旁(방) : 傍(방)과 통하여, 「곁」, 「근방」, 「근처」.
- 潢井(황정) : 물이 고여 있는 연못이나 깊은 웅덩이.
- 蒹葭(겸가) : 갈대, 여기에서는 「갈대밭」.

• 翳薈(예회) : 관목(灌木) 또는 덩굴풀과 풀들이 무성하게 우거
  져있는 곳.
• 覆索(복색) : 반복(反覆)하여 수색(搜索)하는 것.
• 伏姦(복간) : 간계(姦計)가 숨겨져 있는 것, 복병(伏兵)이 있
  는 것.

* 군사행동을 함에 있어서는 평지보다도 지형이 험난한 곳이나 호수 또는 나무나 풀이 무성한 곳에 주의를 기울여야 한다. 그런 곳에는 적병들이 숨어 있기 편리한 곳이므로 멋 모르고 그런 곳을 지나다 보면 복병(伏兵)의 기습을 받거나 어떤 계책에 빠지기 쉽다. 그러므로 그런 지역을 발견하면 몇 번이고 정찰병이나 수색대를 파견하여 그런 곳을 수색하여야 한다. 여러 번 수색한 끝에도 적의 흔적이 보이지 않아야만 그런 곳을 가까이 할 수 있는 것이다.

11.

가까이 가도 고요히 있는 적은 그들의 험요(險要)한 지형을 믿고 있기 때문이다. 먼 곳에서부터 도전(挑戰)을 해오는 적은 우리를 더 나오게 하고자 하기 때문이다. 공격하기 쉬운 곳에 진을 치고 있는 적은 이로움으로써 우리를 유인(誘引)하려는 것이다.

敵近而靜者, 恃其險也. 遠而挑戰者, 欲人之進
也. 其所居易者, 利也.

- 挑戰(도전) : 싸움을 걸어오는 것.
- 居易(거이) : 수비하기 쉬운 험요한 곳을 버리고 공격하기 쉬운 평탄한 땅에 진을 치고 있는 것.
- 利也(이야) : 어떤 이익이 있기 때문이나, 이로움을 보여줌으로써 우리를 유인하려는 것이다.

* 군사행동은 지형뿐만 아니라 주위의 사정과 함께 적의 동정도 잘 살피어 그들의 뜻을 미리 파악하여야만 한다. 먼저 우리가 가까이 다가가도 꼼짝도 하지 않는 적은 자기네 방비를 믿고서 우리를 바싹 다가오게 한 다음 공격하려는 뜻을 갖고 있는 것이다. 그러므로 이러한 침착한 적을 공격함에 있어서는 그러한 점에 미리 대비를 하여야만 한다. 그 반대로 서로 싸우기에는 적합치 않은 먼 곳에 이르렀을 때부터 우리에게 싸움을 걸어오는 적은 대개 우리를 일정한 장소로 유인하려는 뜻을 갖고 있는 것이다. 그러므로 이들의 계책대로 유인당하지 않도록 각별히 조심하며 싸워야 된다. 또 적이 공격하기 좋은 장소에 있다고 덮어놓고 좋아라고 이들에게 달려들어서는 안 된다. 적도 지형의 이점 정도는 알고 있는 게 상식이다. 그러므로 대개의 경우 적이 우리에게 편리한 곳에서 우리를 기다리고 있다는 것은 우리를 유인하려는 계책이 있는 것으로 보아야 한다.

여기에는 몇 가지 기본적인 적의 동정에 대처하는 방법을 주의시키고 있지만 그 밖에 여러 가지 적의 동향에 대하여도 이와 같은 태도로 신중히 대처하여야만 할 것이다.

12.

많은 나무들이 움직이는 것은 적병이 이동해 오는 것이다. 많은 풀 속에 장애물을 많이 설치해 놓은 것은 의심을 일으키기 위한 것이다. 새들이 날아오르는 것은 복병(伏兵)이 있기 때문이다. 짐승들이 놀래 달아나는 것은 기습병(奇襲兵)들이 숨어 다가오고 있기 때문이다.

衆樹動者, 來也. 衆草多障者, 疑也. 鳥起者, 伏也. 獸駭者, 覆也.

- 障(장) : 장애물. 보통 경우에 양편의 풀들을 붙들어 매어 풀이 발에 걸려서 걷기 어렵도록 해놓은 것을 말한다.
- 駭(해) : 놀래다. 놀라서 뛰다.
- 覆(복) : 우리를 기습하려는 기병(奇兵)이 숨어서 다가오고 있는 것.

　＊ 초목이나 새와 짐승들의 동태를 살피어 숨어서 움직이는 적의 동정을 알아내는 방법을 얘기한 것이다. 우선 먼 산의 나무 끝들이 흔들리고 있으면 그 아래 적병들이 이동하고 있음을 알 수 있다. 아무리 조용히 움직이더라도 숲의 나뭇가지들이 사람 몸에 걸리어 움직일 것이기 때문이다. 또 풀밭에 눈에 띄도록 많이 풀을 묶어 장애물을 만들어 놓은 것은 일부러 그 앞에 적이 있을 것이라고 우리에게 의심을 일으키게 하려는 수작이라는 것이다. 그러므로 적이 우리의 행군을 방해하기 위하여 많은 장애물을 만들어 놓았다고 덮어놓고 행군을 중단해서는 안 된다는 것이다. 멀리서 새들이 날아오르는 게 보이면 그 아래 복병이 숨어 있다고 단정해도 좋다. 장호(張號)는 수평으로 날으는 새들이 어느 지점에 이르러 갑자기 위로 치솟아 올라가 날으는 것도 복병이 있는 징조라 하였다. 끝으로 저편에 짐승들이 놀래 달아나는 게 보이거던 그곳으로 적의 기병(奇兵)이 숨어서 다가오고 있다고 단정해도 좋다는 것이다.

　이런 것은 간단한 듯하면서도 실전에서는 유효하게 응용될 수 있는 병법이다. 임진왜란 때 적병은 파죽지세(破竹之勢)로 우리나라의 평화롭던 강산을 휩쓸었다. 한강 상류에서 왜병과 대전하던 우리 군사들이 도저히 대항할 길이 없어 한강 가에 군사들이 진을 치고 있는 것처럼 허수아비와 물건들로 가짜 진지를 만들어 놓고 일정한 장소로 후퇴했었다. 그러나 간사한 일본의 장수 가등청정(加藤淸正)은 물가에 떠 있는 배 위에 물새들이 유유히 놀고 있는 것을 보고서 강

건너 진지에 사람이 없다는 것을 판단하였다 한다.

우리나라는 군비에 소홀하였던 반면 왜적들은 오랜 시일을 두고 침략을 노리어 손자의 병법까지도 연구하고 쳐들어왔었던 것이다. 침략자가 있을 적에는 무력이 있어야 평화도 수호되는 것이다. 비전론(非戰論)의 적극적인 주창자(主唱者)였던 묵자(墨子)가 성을 수비하는 전법을 깊이 연구하였던 것도 전국시대의 평화론자라는 것을 생각할 때 당연하고도 올바른 일이었다고 수긍이 간다.

13.

먼지가 높이 떠오르면서도 끝이 뾰족한 것은 적의 수레들이 오고 있는 것이다. 먼지가 낮고 넓게 퍼지고 있는 것은 적의 보병(步兵)들이 오고 있는 것이다. 먼지가 흩어져서 쭉 뻗고 있는 것은 적이 땔나무를 하고 있는 것이다. 먼지가 적으면서도 왔다갔다 하는 것은 군영(軍營)을 만들고 있는 것이다.

塵高而銳者, 車來也. 塵卑而廣者, 徒來也. 散而條達者, 樵採也. 少而往來者, 營軍也.

• 塵高而銳(진고이예) : 먼지가 높이 올라가면서도 그 끝이 뾰

족한 모양을 하고 있는 것.
- 徒(도) : 걸어다니는 보병(步兵).
- 條達(조달) : 먼지가 가늘게 쭉 뻗어 올라가는 것.
- 樵(초) : 밥을 짓기 위한 땔나무.
- 營軍(영군) : 군인들이 머무를 군영(軍營)을 만드는 것.

* 여기에서는 사람이나 물건의 형태는 분간할 수 없는 먼 곳에서 적들이 일으키는 먼지들을 보고서 적의 동정을 파악하는 방법을 얘기하고 있다. 수레는 속도가 빠르고 먼지가 많이 나므로 멀리서 보면 그 먼지는 높이 올라가면서 끝이 뾰족한 삼각형을 이룬다. 보병의 행군은 줄을 서서 여럿이 걷는 것이므로 발에서 먼지가 나지막히 널리 퍼진다. 땔나무를 하는 사람들은 조그만 수레를 끌며 여기저기 흩어져 나무를 찍어 모을 것이므로 그들이 일하는 곳 여기저기에 가늘고 긴 먼지가 올라가게 될 것이다. 그리고 군영을 만들기 위하여는 여러 사람들이 왔다 갔다 하면서 참호도 파고 보루도 만들고 군막도 치고 할 것이므로 적은 먼지를 일으키며 왔다 갔다 하게 된다. 이것은 먼지가 안 나는 겨울이나 비 오는 날 또는 풀밭이나 습한 땅에서는 사용하기 어려운 원리이다. 그러나 누런 먼지가 많은 황하지역 일대에서 싸우던 중국의 장수들로서는 꼭 명심해 두어야 할 원칙이다. 그리고 이러한 원칙에 입각하여 미루어 나아가면 먼지의 모양을 보고서 다른 군사행동까지도 짐작할 수 있을 것이다.

14.

적의 사자(使者)의 말씨가 겸손하면서도 더욱 방비를 하는 것은 진공(進攻)할 뜻을 지녔기 때문이다. 적의 사자의 말씨가 강경(强硬)하고 또 진군하려는 것처럼 보이는 것은 후퇴할 뜻을 지녔기 때문이다.

辭卑而益備者, 進也. 辭强而進驅者, 退也.

- 辭卑(사비) : 적이 파견한 사자(使者)의 말씨가 자기를 낮추는 것, 곧 말이 매우 겸손한 것.
- 益備(익비) : 말씨는 공손히 하면서도 우리에 대한 대비는 더욱 철저히 하는 것.
- 進驅(진구) : 진격하여 달려들 듯한 기세를 보이는 것.

＊ 여기에서는 적이 보내온 사자의 말씨와 적의 외형(外形)을 보고서 적의 의중을 판단하는 방법을 논하고 있다. 옛날에는 적과 맞서게 되면 서로 사자를 보내어 의견을 먼저 교환하였다. 심지어는 만나서 싸울 장소와 시간까지도 약속하는 경우가 있었다. 따라서 전쟁을 하게 되면 반드시 적의 사자가 올 것이므로, 사자의 말씨나 눈치를 통하여 적의 실정을 짐작한다는 것은 중요한 일이다. 대개의 경우 꼭 싸워서 이편을 쳐부수려는 적의 사자는 극도로 겸손하게 저자세(低

姿勢)를 취하여 이편의 마음을 풀어놓는 반면 장수를 오만하게 만든
다. 따라서 사자가 저자세를 취할수록 적의 정세를 잘 살피며 계략에
넘어가지 않도록 한다. 반대로 큰소리나 치는 사자가 왔을 경우는 사
실은 싸울 의사가 없는 수가 많다. 말로 이편을 협박함으로써 공격을
막아놓고 시간을 얻어 후퇴하자는 수작인 것이다.

15.

가벼운 전차를 앞에 내놓고 그 곁에 군사들을 두고 있
는 것은 적이 진을 치고 있는 것이다. 아무런 서약(誓約)
도 없이 화의(和議)를 청하는 것은 음모가 있는 것이다.
분주히 왔다 갔다 하면서 군사들을 배치하는 것은 어떤
목적이 있기 때문이다. 반쯤 진격하였다가 반쯤 후퇴하
는 것은 유인하려는 짓이다.

輕車先出, 居其側者, 陣也. 無約而請和者, 謀也.
奔走陣兵者, 期也. 半進半退者, 誘也.

• 輕車(경거) : 움직이기에 가벼운 전차(戰車).
• 無約(무약) : 강화의 조건으로 제시하는 아무런 서약도 없
  는 것.

• 期(기) : 기하는 바가 있는 것. 목적하는 바가 있는 것.

* 전쟁을 할 적에는 적의 행동이나 겉모양을 보고 적의 실정이
나 적의 의도를 알아낼 수 있어야 한다. 손자는 앞에서 「무형(無形)」
의 병법을 이상으로 내세웠지만 실상 그것은 보통 장수의 능력으로
서는 이르기 어려운 경지이다. 따라서 자기네 실정이나 의도를 대개
의 경우엔 어느 정도 겉으로 나타내기 마련이다. 따라서 장수는 적
의 행동이나 겉모양에서 조그만 기미라 할지라도 놓치지 말고 파악
하여 작전에 응용하여야 한다. 여기엔 그 원칙을 몇 가지 보기로 들
고 있다.

우선 전차들을 앞에 내놓고 그 옆에 군사들을 배치하여 뒤를 옹
호하고 있는 것은, 적이 진지(陣地)를 구축하는 징조라고 판단해도
좋다. 그리고 아무런 조건의 제시도 없이 덮어놓고 강화하자고 하는
것은, 뒤에 어떤 음모가 숨겨져 있는 거라고 보아야 한다. 아무런 음
모도 없이 진심으로 강화하려는 상대라면, 강화에 응할 만한 어떤 조
건을 제시할 것이기 때문이다. 그리고 적의 움직임이 활발하다면, 어
떤 작전을 수행하기 위한 준비로 보아야 한다. 공연히 분주히 움직일
사람은 없을 것이기 때문이다. 그리고 반쯤 진격해 오다가 약간 후퇴
하는 일을 되풀이하는 적은 우리 편을 일정한 지점으로 유인하려는
계책이므로 함부로 그들을 뒤쫓아서는 안 된다. 이처럼 적의 행동이
나 겉모양을 자세히 관찰하여 적의 실정을 파악할 줄 알아야만 전쟁

을 승리로 이끌 수가 있는 것이다.

16.

물건을 짚은 후에야 일어서는 것은 굶주리고 있기 때문이다. 물을 떠서 먼저 마시는 것은 목마르기 때문이다. 이로움을 보고도 나아가지 않는 것은 피로하였기 때문이다.

杖而後立者, 饑也. 汲而先飲者, 渴也. 見利而不進者, 勞也.

- 杖(장) : 지팡이. 지팡이를 짚다. 여기서는 창이나 칼 같은 물건들을 짚고서 일어나는 것.
- 汲(급) : 물을 긷는 것.

* 여기서는 적병 한 사람 한 사람의 거동을 관찰하여 전체 적정(敵情)을 알아보는 방법이다. 잘 관찰하기만 하면 한 사람의 거동을 통하여 전군의 정세를 알아볼 수 있다. 예를 들면, 앉았다가 일어날 때 군사들이 창대 같은 것을 짚고서야 일어선다면, 이것은 굶주리어 기운이 없기 때문이라고 판단할 수 있다. 또 물 길어온 군사들이

우선 자기부터 물을 퍼마신다면 그의 군대 전부가 목이 마른 상태에 있다고 판단해도 좋다. 이익을 보고도 움직이려 들지 않는다면, 이것은 전군이 지쳐 있기 때문이라 판단해도 좋다. 굶주리고 목이 마르고 지쳐 있는 적군은 여유를 주지 말고 쳐부수도록 하여야 할 것이다.

17.

새들이 앉아있는 것은 군영(軍營)이 비었기 때문이다. 밤중에 큰소리를 치는 것은 두렵기 때문이다. 군대가 소란한 것은 장수의 권위가 무겁지 않기 때문이다. 깃발들이 자꾸만 움직이는 것은 대오(隊伍)가 어지럽기 때문이다. 장교들이 노여움을 띠고 있는 것은 지쳤기 때문이다.

鳥集者, 虛也. 夜呼者, 恐也. 軍擾者, 將不重也. 旌旗動者, 亂也. 吏怒者, 倦也.

- 集(집) : 모이다. 여기서는 한 마리의 새가 앉아있는 것까지도 뜻한다. 새(隹)가 나무(木) 위에 앉아있는 게 「집(集)」자이다.
- 虛(허) : 성 안 또는 군영(軍營)에 사람이 없는 것. 사람들이

없기 때문에 새들이 모여들어 있을 것이다.

- 擾(요) : 소란한 것. 질서가 문란한 것.
- 重(중) : 권위가 무거운 것. 명령에 무게가 있는 것.
- 吏(이) : 관리. 지금의 장교(將校)에 해당한다.
- 倦(권) : 지치다. 피로하다.

* 다음은 적의 진영을 바라보고 적의 실정을 파악하는 방법이다. 적의 진영 위나 근처에 새들이 가만히 앉아있다면 거기엔 사람이 없다는 증거이다. 사람들이 많다면 절대로 새들이 앉아있지 않을 것이다. 그리고 적진에서 밤중에 소리 지르는 소리가 자주 들린다면, 이것은 그들이 두려워하고 있다는 증거이다. 두려움에 쫓기면 심리학적으로도 여러 사람 앞에서 감정을 위장하기 위하여 큰소리가 나오게 마련이다. 군대가 질서 없이 소란한 것은 장수에게 통솔력이 없기 때문이다. 이런 군대는 간단한 계책으로도 깨칠 수 있을 것이다. 그리고 깃발들이 쉴 새 없이 움직이고 있는 것은, 그들의 대오(隊伍)가 어지러워 자기의 정위치(正位置)가 자꾸만 옮겨지기 때문이라는 것이다. 끝으로 사람은 피로하면 신경이 날카로와진다. 그리고 군사들은 몸이 무거워 명령대로 움직이기 싫어할 것이다. 그러므로 지친 군대의 장교들은 성을 잘 내기 마련이다.

18.

　말을 잡아 고기로 먹는 자들은 군대 내에 양식이 없기 때문이다. 밥그릇을 나뭇가지 같은 곳에 걸어두고 병사(兵舍)로 돌아가지 않는 자들은 궁지에 몰린 적들인 것이다.

殺馬肉食者, 軍無糧也. 懸缶不返其舍者, 窮寇也.

- 缶(부) : 본시는 질그릇으로 된 장군. 여기서는 여러 가지 취사기구(炊事器具)나 밥그릇을 가리킨다. 보통 판본에 「瓨(부)」로 되어 있으나 같은 뜻이다.
- 舍(사) : 막사(幕舍). 병사(兵舍).
- 窮寇(궁구) : 궁지에 몰린 적.

　* 이것도 적군의 행동을 관찰하여 적의 정세를 판단하는 방법이다. 타고 다니는 말을 잡아먹을 정도라면 양식이 떨어졌을 것은 말할 나위도 없다. 또 군사들이 밥그릇을 여기저기 아무 데나 걸어둔 채로 막사엔 들어가지 않고 풀밭 같은데 누워있다면 거의 자포자기(自暴自棄)한 상태라고 볼 수 있다는 것이다.

19.

공손하고 은근하게 장수가 천천히 부하들에게 말하는 것은 부하들의 신망(信望)을 잃었기 때문인 것이다. 자주 상을 내리는 것은 부하 통솔에 궁색하기 때문이다. 자주 벌을 내리는 것은 부하 통솔에 곤란을 받기 때문이다. 출전(出戰)을 할 당시에는 난폭하게 굴다가 뒤에 가서는 그의 부하들을 두려워하는 것은 지극히 병법에 정통하지 못한 장수인 것이다.

諄諄諭諭, 徐與人言者, 失衆也. 數賞者, 窘也. 數罰者, 因也. 先暴而後畏其衆者, 不精之至也.

- 諄諄(순순) : 공손히 애기하는 모양.
- 諭諭(흡흡) : 여러 가지로 은근히 애기하는 모양.
- 徐與人言(서여인언) : 장수가 천천히 부하들에게 애기하는 것.
- 失衆(실중) : 여러 군사들의 신망(信望)을 잃은 것.
- 數賞(삭상) : 자주 부하들에게 상을 내리는 것.
- 窘(군) : 통솔하는 방법이 궁색해진 것. 여러 가지 방법을 써 보아도 모두 되지 않는 것,
- 不精之至(부정지지) : 병법에 정통하지 못한 지극히 졸렬한 장수라는 뜻.

* 여기에서는 적군의 장수의 거동을 관찰하여 적의 정세를 판단하는 방법을 논하고 있다. 장수가 위엄 있는 명령을 내리지 못하고 부하들에게 공손하고 은근하게 말한다면, 이것은 부하들의 신망을 잃고 있는 장수라는 것이다. 장수가 신망을 잃어 명령을 잘 따르지 않으므로 자연히 애걸하며 달래는 방법을 쓰는 수밖에 없을 것이다. 또 부하들에게 상을 자주 내리거나 벌을 자주 내리는 장수도 부하들의 통솔이 제대로 되지 않기 때문에 달래보려고 자주 상을 내리거나 위협을 하려고 쓸데 없는 형벌을 자주 가하는 것이다. 그러므로 부하를 잘 다스리는 장수의 행동은 한결 같은 것이다. 출전할 당시에는 위엄을 과시하며 큰소리 치다가 막상 전쟁터에 와서는 부하들이 명령을 거절할까 겁내는 장수는 이미 병법을 모르는 졸렬한 장수라고 판정하여도 좋다는 것이다. 군대는 장수의 명령에 의하여 통솔되는 것이므로 이러한 장수가 거느리는 군대는 얕보아도 좋을 것이다.

20.

사자를 보내서 간곡히 사과하는 말을 하는 것은 쉴 틈을 얻으려는 것이다. 군대가 노기를 띠고 맞서서 오래 되도록 맞붙어 싸우지도 않고 또 물러서지도 않는다면, 반드시 그들을 잘 살펴야만 할 것이다.

來委謝者, 欲休息也. 兵怒而相迎, 久而不合, 又
不解去, 必謹察之.

- 來委謝(내위사) : 사신을 보내서 간곡히 사과하면서 얼버무
  리는 것.
- 不合(불합) : 맞붙어 싸우지 않는 것.
- 解去(해거) : 진을 풀고 물러나는 것.

* 이것도 적의 동태를 살피어 적의 정세를 판단하는 방법이다. 만
약 적이 정중히 사신을 보내서 아무런 강화의 제의도 없이 사과하는
말을 하며 얼버무린다고 해서 같이 싸움을 중지하고 적을 정중히 대
해서는 안 된다는 것이다. 그것은 적이 휴식을 얻으려는 술책일 것이
기 때문에 강화하자는 제의가 나오도록 다그쳐 싸워야 한다는 것이
다. 그리고 적개심이 강한 적들이 우리 앞에 버티고 있으면서도 오
랫동안 공격도 않고 후퇴도 않는다면, 이러한 적은 매우 조심하여야
한다. 반드시 그러는 이유는 어떤 계략을 진행시키는 중이기 때문이
다. 성난 적군이 오랫동안 가만히 있기만 할 수는 없다고 보는 게 상
식이다.

21.

군대는 수가 많기만 하다고 귀중한 것은 아니다. 비록 용감히 진격하는 용사가 없다 하더라도 충분히 힘을 합치어 적군을 헤아리고 적당한 인재(人材)를 쓰기만 하면 되는 것이다. 대체로 아무런 계책도 없이 적을 가볍게 여기는 장수는 반드시 적에게 사로잡히고 말 것이다.

兵非貴益多, 雖無武進, 足以倂力, 料敵取人而已. 夫唯無慮而易敵者, 必擒於人.

- 益多(익다) : 병력이 더욱 많은 것. 병력이 많을수록.
- 武進(무진) : 용감하게 진공하는 용사(勇士).
- 足以(족이) :「足而」와 어법상 같은 말로「충분히」,「족히」.
- 倂力(병력) : 전군사들이 장수와 함께 힘을 합치는것.
- 料敵(요적) : 적의 실태나 동향을 알아내는 것.
- 取人(취인) : 알맞는 인재를 등용하여 쓰는 것.
- 無慮(무려) : 충분한 검토나 계책이 없는 것.
- 易敵(이적) : 적을 가볍게 여기는 것.

* 군대는 일반적으로 병력이 많아야 하고 용감한 병사들이 많아야 한다는 게 상식이다. 그러나 병력과 용사로서 전쟁의 승패가 결정되는 것은 아니다.

적보다 적은 병력에다 용사들이 없다 하더라도 장수와 부하들이 일치단결하여 힘을 모으고 각자가 지닌 특기를 모두가 발휘할 수 있도록 하면 병력이 많고 용사가 많은 적군이라 하더라도 문제 없이 쳐부술 수 있다. 그러니 겉모양만 보고 병력이 자기편만 못하다거나 용감한 병사가 없다고 상대방을 업신여겨서는 안 된다. 그러다가는 크게 패하고 말 거라는 것이다.

22.

졸병이 아직 신뢰하며 따르기도 전에 그들을 벌하면 곧 복종치 않게 될 것이며, 복종치 않게 된다면 곧 부리기 어려울 것이다. 졸병들이 이미 신뢰하며 따르는 데도 잘못을 처벌하지 않으면 곧 부릴 수가 없게 될 것이다.

卒未親附而罰之, 則不服, 不服, 則難用也. 卒己親附而罰不行, 則不可用也.

- 親附(친부) : 친근하게 붙는 것. 신뢰하며 따르는 것.
- 難用(난용) : 졸병들을 부리기가 어렵게 된다는 뜻.

＊ 사람들을 잘 통솔하려면 그들을 위엄으로 누르기 전에 먼저 그

들의 마음을 다스려야 한다. 사람들의 마음을 다스릴 줄 모르는 사람은 장수가 될 자격이 없다. 부하들을 신뢰하며 따르도록 만들어 놓지도 못하고 덮어놓고 형벌로써 위압하면 부하들은 장수가 하는 일에 불복하게 되고, 그들의 마음이 복종치 않게 되면 부리기 어렵게 된다는 것이다. 반대로 졸병들이 신뢰하고 따른다고 잘못을 저질러도 그대로 두면 장수의 사랑을 등지고 멋대로 행동하여 통솔하기가 어렵게 된다. 그러므로 많은 사람들을 통솔하기 위하여는 그들의 마음을 먼저 잡은 다음에 엄한 규칙을 실천토록 하여야만 할 것이다.

「논어(論語)」에서 공자는,

「삼군의 장수는 뺏을 수 있지만, 한 사람의 뜻은 뺏을 수 없는 것이다.」고 하였는데, 역시 사람의 마음을 움직이는 게 어렵고도 중요함을 강조한 것이다.

23.

그러므로 그들에게 영을 내리어 부림에 있어서는 문아(文雅)함으로써 하고, 그들을 정제히 통솔함에 있어서는 무위(武威)로써 한다. 이것을 일컬어 반드시 승리를 얻는 군대라 말하는 것이다.

故令之以文, 齊之以武, 是謂必取.

- 令之(영지) : 부하들에게 영을 내어 개별적으로 부리는 것.
- 文(문) : 문덕(文德), 어짊과 덕(仁德) 같은 문화적인 것.
- 齊(제) : 전군을 일제히 질서 있게 통솔하는 것.
- 武(무) : 앞의 「文」의 반대로서, 무위(武威) 또는 무단(武斷).
- 必取(필취) : 반드시 승리를 얻는 것. 반드시 목적을 이루는 것.

* 부하들을 통솔함에 있어서는 은애(恩愛)와 엄한 군율(軍律)이 함께 쓰여져야 한다. 개인적으로는 은애로써 부하들의 신뢰를 사도록 노력하고 공적으로는 조금의 여유도 주지 않는 엄한 군령의 시행이 있어야 한다. 그래야만 장수의 뜻대로 전군이 일치단결하여 움직이게 될 것이며, 이런 군대 앞에는 어떠한 적군이 닥쳐와도 모두 패퇴당하고 말 것이다.

24.

명령이 평소부터 행하여지고 그럼으로써 백성들을 가르쳐 왔다면, 곧 백성들은 복종할 것이다. 명령이 평소부터 행하여지지 않고 그런 상태에서 백성들을 가르쳐 왔다면, 백성들은 복종하지 않을 것이다. 명령이 평소부터 행하여졌었다는 것은, 통솔자가 백성들과 뜻이 맞았기 때문이다.

令素行, 以教其民, 則民服. 令不素行, 以教其民,
則民不服. 令素行者, 與衆相得也.

- 素行(소행) : 전쟁이 일어나기 전에 평소부터 행하여진 것.
- 與衆(여중) : 위의 통솔자와 백성들.
- 相得(상득) : 서로 뜻이 맞는 것.

* 군대의 통솔을 잘하는 방법은 전쟁이 일어나기 전부터도 백성
들을 잘 다스리어 백성들로 하여금 상부의 명령을 잘 따르게 하는
것이다. 평소부터도 윗사람을 신뢰하던 사람들은 전쟁이 일어나도
똑같이 윗사람의 명령에 복종할 것이다. 한 걸음 더 나아가 나라가
위기에 처하면 윗사람의 명령에 따라 나라를 위하여 용감히 싸울 것
이다. 그것은 평소부터 윗사람의 명령이 공정하여 통솔자와 백성들
의 뜻이 합치되어 있었기 때문이다. 평소에도 위아래가 뜻이 맞았던
나라는 일단 전쟁이 일어나면 더욱 뭉쳐지고, 더욱 명령을 충실히 따
르게 될 것이다. 말을 바꾸면 전쟁을 잘할 수 있는 비결의 하나는 평
소에 백성들을 위하여 정치를 잘하는 것이다.

손자

제10권

10. 지형편 地形篇

「지형」은 전략의 바탕이 된다. 지형을 살피거나 이용할 줄 모르는 군대는 전쟁에 승리하기 어려울 것이다. 앞에서도「지형은 군사행동에 도움을 주는 것」이라 말하였지만, 앞에서부터 되풀이하여 지형을 설명하는 것은 그만큼 작전에 중대한 영향을 미치기 때문이다. 이 편에서도 여러 가지 지형을 설명하며 그것을 전쟁에 유리하게 응용하는 방법을 논한다.

1.

손자가 말하였다.

지형에는 통형(通形)이 있고, 괘형(掛形)이 있고, 지형(支形)이 있고, 애형(隘形)이 있고, 험형(險形)이 있고, 원형(遠形)이 있다.

孫子曰, 地形有通者, 有掛者, 有支者, 有隘者, 有險者, 有遠者.

* 손자는 먼저 지형의 종류를 여섯 가지로 들고 있다. 이 여섯 가지 지형에 대하여는 다음부터 한 가지씩 설명이 나올 것이니 참조하기 바란다. 이곳의 분류는 병법에 근거하여 지형을 이용한다는 데 목적이 있으므로, 물론 지리학적인 분류와는 성격이 다를 것이다.

2.

우리 편에서도 갈 수 있고, 저편에서도 올 수 있는 것
을 통형(通形)이라 말한다. 통형에 있어서는 먼저 높은
양지쪽에 진을 치고 군량 보급로(補給路)를 편리하게 확
보하고서 싸운다면 유리할 것이다.

我可以往, 彼可以來, 曰通. 通形者, 先居高陽,
利粮道以戰則利.

- 先居(선거) : 적보다 먼저 그곳을 차지하고 진을 치는 것.
- 高陽(고양) : 높은 양지바른 쪽.
- 粮道(양도) : 양(粮)은 糧(양)과 통하는 자로서 「식량 보급로」
  임.

* 첫째 「통형」에 대한 설명이다. 「통형」이란, 지형이 우리와 적,
양편으로 모두 틔어 있어 적이 공격해 올 수도 있고, 우리가 공격해
갈 수도 있는 곳이다. 이런 곳에서는 높은 양지바른 곳에 자리잡고
보급로를 확보하고 싸워야 한다는 것이다. 높은 곳에서 아래를 내려
다보고 싸우는 게 돌을 굴리거나 활을 쏘거나 모두 유리하며, 양지바
른 쪽은 군사들의 건강에 유리하기 때문이다.

3.

나아갈 수는 있으되 되돌아오기 어려운 지형을 괘형(掛形)이라고 한다. 괘형에 있어서는 적의 방비가 없을 적에만 나아가서 적과 싸워 승리를 거두어야 한다. 적에게 만약 방비가 되어 있어서 나갔다가 승리하지 못하였는데도 되돌아오기 어렵게 된다면 불리할 것이다.

可以往, 難以返, 曰掛. 掛形者, 敵無備, 出而勝之. 敵若有備, 出而不勝, 難以返, 不利.

- 返(반) : 되돌아오는 것.
- 掛(괘) : 중간에 걸려 있는 것, 「挂」로 쓰기도 하나 통하는 글자이다.

* 둘째로 「괘형」을 설명한다. 「괘형」이란, 나아가기는 쉬워도 되돌아오기는 어려운 지형을 말한다. 적과 싸울 때 함부로 이런 「괘형」으로부터 나아가 싸우다가는 큰 낭패를 당하기 쉽다. 반드시 적에게 아무런 방비가 없으므로 승리할 수 있다는 확신을 얻은 다음에, 이런 곳에서 나가 싸워야 한다는 것이다.

예를 들면, 우리는 산 위에 진을 치고 있고 적은 산 아래 있을 때를 「괘형」이라 할 것이다. 적에게로 쳐내려 가기는 쉽지만 뜻대로 되지 않았을 적에 후퇴하기는 어려울 것이다.

4.

우리가 나가도 불리하고 저편에서 나와도 불리한 지형을 지형(支形)이라 한다. 지형에서는 적이 비록 우리에게 이익을 제시한다 하더라도 우리가 나아가서는 안되는 것이다. 군사들을 이끌고 그곳을 떠남으로써 적군으로 하여금 반쯤 나오게 만든 다음 이들을 공격하는 게 유리할 것이다.

我出而不利, 彼出而不利, 曰支. 支形者, 敵雖利我, 我無出也. 引而去之, 令敵半出而擊之, 利.

- 支(지) : 버티는 것. 서로 버티어야 할 지형이란 뜻에서 붙여진 이름일 것이다.
- 利我(이아) : 우리에게 이로운 조건이나 기회를 내보여주는 것.
- 引而去(인이거) : 군사들을 이끌고 후퇴하는 것.

* 셋째로 「지형(支形)」에 대한 설명이다. 서로 나아가면 불리한

지형이 「지형」이라는 것이다. 계곡을 가운데 끼고서 양편 능선에 진을 치고 있는 경우라든가, 가운데 강물을 끼고 있는 경우가 이에 해당할 것이다.

이런 「지형」에서 싸울 적에는 적이 아무리 좋은 조건을 제시한다 하더라도 먼저 나아가서는 안 된다. 어떤 방법을 써서라도 적을 유인하여 적으로 하여금 이편으로 나오게 하여야만 된다. 정 안될 적에는 후퇴하는 체함으로써 적을 유인해 내서 공격한다.

이러한 손자의 병법을 몰라서 전쟁에 크게 패한 예가 제1차 세계 대전 때 있었다. 독일 군대는 벨기에 국경을 침범하여 레쥬의 요새를 함락시킨 다음 프랑스 서부로 침공하였었다. 그러나 여기에서 독일군은 영불(英佛) 연합군에 의하여 진격로를 완강히 저지당하였다. 그 결과 이른바 서부전선(西部戰線)은 완전히 교착(膠着) 상태에 빠져서 서로 한발자국도 나아가갈 수 없게 되었다. 「서부전선에 이상 없다」는 묘한 힘의 균형이 「지형(支形)」의 지형을 끼고서 이루어졌던 것이다.

이렇게 5년 가까이 지나는 사이에 독일은 1918년 3월에 소련과의 강화를 체결시키고 동부전선에 있던 병력들을 모두 서부전선으로 빼돌렸다. 그리고는 우세한 병력을 믿고 다섯 번에 걸친 총공격을 감행하였다. 그러나 그 결과는 말할 것도 없이 언제나 큰 희생만을 치루고 실패로 돌아갔다. 독일은 병력에 있어서 우세했지만 「지형」에서 먼저 나왔기 때문에 패배하였던 것이다. 독일의 참모들이 손자의 병법을 읽었던들 이러한 실패를 저지르지는 않았었을 것이다. 이때의 패전이 원인이 되어 얼마 못 가 독일은 킬항(港)의 반란을 비롯하여 안으로부터 무너지고 말았다.

5.

애형(隘形)인 곳에는 우리가 먼저 그곳을 점령하여 반드시 군비를 충실히 하고서 적을 기다려야 한다. 만약 적이 먼저 그곳을 점령하여 군비를 충실히 하고 있으면 이들을 쫓아서 싸우지 말아야 한다. 군비가 충실치 않으면 쫓아서 싸워도 된다.

隘形者, 我先居之, 必盈之以待敵. 若敵先居之, 盈而勿從, 不盈而從之.

- 隘形(애형) : 안은 넓으면서도 들어오는 곳은 좁은 지형.
- 盈之(영지) : 그곳의 군비를 충실히 하는 것.
- 勿從(물종) : 적의 뜻을 따라서 싸우지 말아야 한다는 뜻.
- 從之(종지) : 적을 쫓아 그곳을 공격하는 것.

* 여기에서는 네 번째 「애형(隘形)」에 대한 설명이다. 「애형」이란,

바다에서는 파나마 운하나 수에즈 운하 같은 것이 좋은 보기일 것이다. 지상에서는 함곡관(函谷關)이 지금의 섬서성(陝西省)으로 들어가는 곳에 있는 「애형」으로서 유명했다. 그러나 이러한 「애형」도 진(秦)나라가 망해갈 무렵에는 아무 소용도 없는 것이어서, 손쉽게 한(漢)나라 고조(高祖)가 된 유방(劉邦)의 손에 빼앗기어 장안(長安) 땅이 짓밟히고 나라가 망하게 되었다.

6.

험형(險形)에 있어서는 우리가 먼저 그곳을 차지하되 반드시 높은 양지편에 진을 치고서 적을 기다려야 한다. 만약 적이 먼저 그곳을 차지했다면, 군대를 이끌고 후퇴할 것이며 그들을 쫓아 싸워서는 안 된다.

險形者, 我先居之, 必居高陽以待敵. 若敵先居之, 引而去之, 勿從也.

• 險形(험형) : 군사행동이 곤란한 험난한 지형.

* 험난한 지형에서는 먼저 그곳을 차지하고 지키는 편은 유리하지만 뒤늦게 와서 그곳을 공격하는 편에게는 불리하다. 사람은 어디

건 몸을 숨기고 있다가 다가오는 적을 공격할 수 있지만 공격하는 편에서는 행동하기가 어려워 반대로 공격당하기 알맞다. 그러므로 그런 지형은 적보다 먼저 차지하여 공격하기 편한 높은 곳의 건강에 좋은 양지편을 골라 진을 치고 있으면 된다. 그런 지형에서 적을 공격하려고 들다가는 전멸당하기 쉬우니, 상대방이 먼저 험형을 차지하고 있다면 싸움을 피하는 수밖에 없다는 것이다.

7.

원형(遠形)일 경우에는 병세(兵勢)가 비슷하다면 싸움을 걸기가 어려운 것이니 싸워보았자 이롭지 않을 것이다.

遠形者, 勢均難以挑戰, 戰而不利.

- 遠形(원형) : 싸울 상대방이 먼 거리에 있는 것.
- 勢均(세균) : 적과 병세(兵勢)나 병력이 비슷한 것.

* 거리가 먼 적에게 먼저 싸움을 건다는 것은 대개의 경우 불리하다. 먼 거리를 가느라고 군사들이 지치는 데다가 보급로가 멀어지고 연락이 어려워지기 때문이다. 따라서 역사를 보면 원정(遠征)에 실패

한 예가 많은 것도 그 때문이었다.

특히 유럽의 십자군(十字軍)이 11세기부터 13세기 말엽에 이르는 2백 년 동안에 셀주크 튀르키예에게 점령당하고 있던 예루살렘 성지(聖地)를 회수하기 위하여 전후 일곱 번에 걸친 원정군을 파견했다 실패한 것은 그 좋은 예이다. 첫 번째, 십자군은 튀르키예군과 격전 끝에 간신히 성지를 탈회하여 예루살렘 왕국을 세웠었다(1099년). 그러나 얼마 못가 튀르키예군의 공격으로 이 왕국은 멸망당하고 말았다. 두 번째, 십자군은 독일 황제 컨라드 3세와 프랑스 왕 루이 7세가 힘을 모은 것이었지만 목적지에 가서 싸워보지도 못하고 도중에 뒤돌아왔다. 세 번째, 십자군은 독일 황제 프리드리히 1세와 프랑스 왕 필립 2세 및 영국 왕 리처드 1세가 대군을 모아 출발한 원정이었는데, 이번에도 도중에서 무너져 실패하고 돌아왔다. 네 번째, 십자군은 콘스탄티노플에 라틴제국을 건설하는데 성공하였다지만 군인들은 베네치아 상인들에게 이용만 당하고 성지 점령의 목적을 이루지는 못하였다. 다섯 번째로는, 독일과 프랑스의 소년 십자군이 조직되었지만 이것도 중도에 무너져 실패하는 바람에 소년병들 중에는 노예로 팔리는 비참한 결과를 가져왔었다. 여섯 번째, 십자군은 독일 황제 프리드리히 2세가 이슬람의 내분(內紛)을 이용하여 한 번 예루살렘을 탈환한 일이 있었으나 얼마 못 가서 이집트군에게 도로 빼앗겼었다. 일곱 번째, 십자군은 프랑스 왕 루이 9세가 기도하였으나 이것도 성공을 거두지 못하였다.

이 십자군은 모두 손자의 병법을 몰랐기 때문에 실패한 것이다. 그러나 병세가 월등할 적에는 원정을 감행하여도 좋다. 마케도니아의 알렉산더 대왕의 페르시아 원정이나 원(元)나라 징기즈칸의 유럽 원정 같은 것이 그 예이다. 그러나 현대로 오면서 물자나 인원의 운반 수단이나 통신 방법이 발달하고 무기도 원거리를 공격할 수 있는 게 발명되어 「원형」은 거의 뜻을 상실하여 가고 있다.

8.

이상과 같은 여섯 가지 것은 지형의 도(道)이며 장수로서의 지극한 책임이니, 잘 살피지 않아서는 안되는 것이다.

凡此六者, 地之道也, 將之至任, 不可不察也.

- 地之道(지지도) : 지형에 응하여 전투를 행하는 도리(道理).
- 至任(지임) : 지극히 중대한 책임.

* 앞에서 말한 통형, 괘형, 지형, 애형, 험형, 원형의 여섯 가지 지형과 이에 따라 적절히 대처하여야 할 군사행동 방법은 전쟁을 하는 기본 원리이다. 그리고 이러한 기본 원리를 활용한다는 것은 장수에

게 주어진 지극히 중대한 책임도 된다. 그러므로 이러한 여러 가지 지형과 거기에 대응하는 전술은 무엇보다도 잘 연구해 보지 않으면 안 된다는 것이다.

9.

그러므로 군대에는 달아나는 군대(走者), 느슨한 군대(弛者), 결함 있는 군대(陷者), 무너지는 군대(崩者), 어지러운 군대(亂者), 패배할 군대(北者)가 있다. 이 여섯 가지 종류는, 하늘과 땅의 재난에서 오는 게 아니며 장수의 잘못에서 오는 것이다.

故兵有走者, 有弛者, 有陷者, 有崩者, 有亂者, 有北者, 凡此六者, 非天地之災, 將之過也.

- 走(주) : 뛰는 것. 달아나는 것.
- 弛(이) : 느슨한 것. 군기(軍紀)가 이완(弛緩)된 것.
- 陷(함) : 빠지다. 결함.
- 崩(붕) : 무너지다. 부숴지다.
- 北(배) : 패배, 또는 배반. 배(背)자와 통한다.

* 여기서는 반드시 패배할 졸렬할 군대로 여섯 가지를 들고 있다.
이 여섯 가지에 대하여는 뒤에 한 가지씩 모두 설명이 나올 것이다.
　군대가 이처럼 형편 없게 되는 것은 하늘이 그렇게 만드는 것도
아니고 지형이 불리하기 때문에 그렇게 되는 것도 아니다. 모두가 지
휘하는 장수가 통솔을 잘못하거나 사세 판단을 그르치기 때문이라
는 것이다.

10.

　병세(兵勢)는 똑같은 데도 한 사람의 군사로서 열 명의
적을 치는 것을 「달아나는 군대(走者)」라 말한다. 졸병
들은 강한데 장교가 약한 것을 「느슨한 군대(弛者)」라 말
한다. 장교들은 강한데 졸병들이 약한 것을 「결함 있는
군대(陷者)」라 말한다.

　夫勢均, 以一擊十, 曰走. 卒强吏弱, 曰弛. 吏强
卒弱, 曰陷.

・卒(졸) : 졸병.
・吏(이) : 관리. 지금의 「장교」와 같다.

  * 여기서는 졸렬한 군대 여섯 가지 중에서 앞의 세 가지를 설명
한 것이다.

  첫째 「달아나는 군대」란, 양편의 군사력이 비슷한 데도 불구하고
이편의 한 사람과 저편의 열 사람을 대적케 하는 군대이다. 전쟁은
그 반대로 상대방의 병력을 분산시키어 이편 열로써 적의 하나를 처
부숴 나가도록 하여야 할 것이다. 하나로 열을 대항하다가 보면 적에
게 패배하여 달아나게 될 것은 말할 나위도 없다. 그래서 「달아나는
군대」라 이름을 붙인 것이다.

  둘째로 「느슨한 군대」란, 군대의 규율이 느슨하다는 뜻이다. 졸병
들의 세력이 강한 반면 장교들의 세력이 약하다면 명령 계통이 제대
로 서지를 않는다. 군기(軍紀)며 군율(軍律)이 이완(弛緩)될 것은 물
론이다.

  셋째로 「결함 있는 군대」란, 장교들은 똑똑하고 강한데 졸병들이
형편 없는 군대를 말한다. 아무리 작전이 훌륭해도 졸병들이 활도 제
대로 쓸 줄 모르고 창칼을 제대로 다룰 줄 모른다면 전쟁에 승리하
기 어려울 것이다. 이것이 「결함 있는 군대」이다.

11.

  부대장들이 노여움을 띠고서 장수에게 복종치 않으
며, 적을 맞으면 원한을 품고 스스로 나아가 싸우고, 장

수는 장교들의 능력을 알지 못하는 것을 「무너지는 군대
(崩者)」라 말하는 것이다.

大吏怒而不服, 遇敵懟而自戰, 將不知其能, 曰崩.

- 大吏(대리) : 장수 휘하의 각 부대장, 고급 장교들.
- 懟(대) : 적에 대하여 「원망하다」, 「원한을 품다」.
- 其能(기능) : 장교들의 능력.

* 여기서는 네 번째 「무너지는 군대」에 대한 설명을 하고 있다.
장수가 명령을 내려도 부대장들의 적에 대한 노여움, 곧 적개심 때
문에 장수의 명령을 듣지 않는다든가, 적을 만나기만 하면 명령을 내
리지 않아도 원한에 사무쳐 자진하여 나아가 싸우는 군대가, 곧 「무
너지는 군대」이다. 장수가 장교나 부하들의 능력을 공정히 평가하여
능력에 알맞는 부서에 배치하지 않아도 마찬가지이다. 이러한 조건
을 지닌 군대는 적과 싸워보았자, 곧 무너져버리고 말 것이기 때문이
다. 최고의 통솔자는 부하 장수들을 잘 다스릴 줄 알아야 한다.

한(漢)나라 고조(高祖) 유방(劉邦)이 한번은 그의 지장(智將) 한신
(韓信)과 만나 여러 장수들의 통솔 능력을 토론한 일이 있었다.

그 끝에 고조가 「나는 몇 명의 군사를 다스릴 수 있겠는가?」 하고
물으니, 한신은 대답하기를, 「폐하께서는 십만 정도의 군사를 다스
리실 수 있을 것입니다.」

고 하였다. 이에 고조가 물었다.

「그럼 장군은 얼마의 병력을 거느릴 수 있소?」

「저에게는 병력이 많으면 많을수록 좋습니다.」

이 말을 들은 고조는 기분이 약간 언짢아 다시 다그쳐 물었다.

「그렇다면 장군은 어찌하여 내게 잡혀서 부림을 받고 있소?」

「폐하께선 졸병들을 잘 다스리지는 못하지만 장수들을 잘 다스리기 때문에 제가 폐하께 잡혀 있는 것입니다.」

이 말은 임기응변으로 나온 말이라기보다는 군대 통솔의 기본 원칙을 바로 말한 것이라 할 수 있다. 아무리 능력 있는 장수라 하더라도 만사에 통달할 수는 도저히 없는 일이다. 여러 가지 장기(長技)와 특징을 지닌 여러 장수들을 잘 거느림으로써 그들의 능력을 하나로 뭉칠 수가 있는 것이다. 고조에게 멸망당한 항우(項羽)는 그 개인을 놓고 볼 때 고조보다도 뛰어난 장수였지만 장수들을 통솔할 줄 몰랐기 때문에 그의 뛰어난 힘과 능력에도 불구하고 고조에게 멸망당하였던 것이다.

12.

장수가 약하여 엄하지 아니하고, 교련(敎鍊) 방법이 분명하지 않으며, 장교와 졸병들이 일정하지 않으며, 진을 친 군사들이 이리저리 문란하게 있는 것을 「어지러운 군대(亂者)」라 한다.

將弱不嚴, 教道不明, 吏卒無常, 陳兵從橫, 曰亂.

- 不嚴(불엄) : 엄하지 않다. 위엄이 없다. 명령이 엄격히 지켜지지 않는다.
- 敎道(교도) : 부하들을 가르치는 방법. 부하들을 교련하는 도리.
- 無常(무상) : 행동이나 마음 가짐이 일정하지 않고 언제나 동요하고 있는 것.
- 縱橫(종횡) : 가로와 세로. 제멋대로 이리저리 어지러이 되어 있는 것.

＊ 장수가 유약하여 위엄이 없으면 명령 계통이 잘 서지 않는다. 따라서 군사들을 올바로 훈련시킬 수가 없고, 부하들은 언제나 동요할 것이며, 진을 쳐도 질서가 없어 문란하기 짝이 없을 것이다. 이러한 「어지러운 군대」는 적으로부터 일격을 당하기만 하여도 멸망당하고 말 것이다.

「삼국지(三國志)」에 보이는 촉한(蜀漢)의 황제 유비(劉備)는 이러한 병법의 원리를 누구보다도 잘 알고 있었던 것 같다. 유비는 A.D. 223년 4월, 죽음을 앞두고 장군 제갈공명(諸葛孔明)을 성도(成都)로 불러 다음과 같은 유언을 하였다.

「만약 내가 죽은 뒤 내 아들이 내 뒤를 이을 만하면 그를 잘 도와
주시오. 그러나 자격이 없다고 생각되거던 그 대신 임금 자리를 맡아
주시오.」

자기 자식이 어리고 유약하여 신하들을 통솔하지 못하면 어려운
시국에 나라를 지탱해 나가지 못할 것이라고 판단한데서 나온 말이
다. 그러나 제갈공명은 유비가 죽은 뒤에도 임금 자리를 차지하지 않
고 끝까지 신하로서의 충성을 다하다가 군중(軍中)에서 죽었다.

13.

장수가 적의 정세를 헤아리지 못하고 작은 병력으로 큰
병력의 적과 맞붙어 싸우며, 약한 군대로서 강한 적을 공
격하고 군대에 뽑히어진 선봉대(先鋒隊)가 없는 것을 「패
배하는 군대(北者)」라 말하는 것이다.

將不能料敵, 以少合衆, 以弱擊强, 兵無選鋒, 曰
北.

* 合衆(합중) : 병력이 많은 적과 정면으로 맞붙어 싸우는 것.
* 弱(약) : 약한 군대. 「고본」에는 「寡(과)」로 되어 있으나 앞뒤
  문맥으로 볼 때 약(弱)이 옳을 것 같다.

• 選鋒(선봉) : 뽑아서 조직한 선봉대(先鋒隊).

* 끝으로「패배하는 군대」를 설명하고 있다.「패배하는 군대」란, 무모한 싸움을 하는 군대이다. 적의 정세를 올바로 판단할 줄 몰라서 적은 병력으로 많은 병력의 적과 맞붙어 싸우기도 하고, 약한 군대로서 강한 적과 맞붙어 싸우기도 한다. 그리고 그 군대 안에는 정예(精銳)로써 조직된 선봉대조차 없다. 이러한 군대는 백 번 싸워보았자 백 번 다 패배당하고 말 것이다.

14.

이상의 여섯 가지는 패배의 도(道)인 것이다. 장수의 지극한 책임이니 잘 살피지 않아서는 안될 것이다.

凡此六者, 敗之道也. 將之至任, 不可不察也.

• 至任(지임) : 지극히 중대한 책임.

* 이상 든 여섯 가지 종류의 군대는 전쟁에서 반드시 패하기만 할 형편 없는 군대라는 것이다. 군대가 이처럼 패하게 되는 것은 외부의 조건들 때문이 아니라 모두가 장수에게 책임이 있다. 장수의 능력

이 부족하거나 통솔을 잘못하기 때문에 이러한 결과가 생기게 된다. 그러므로 장수는 이런 모든 실정을 잘 살피어 여기에서 말한 패배의 도를 밟지 않도록 노력하여야 한다는 것이다. 전쟁을 하기에 앞서 자기 나라나 자기 군대 안에 결함이 있어서는 안 된다.

「오자(吳子)」는 그의 병법 첫머리에서 다음과 같은 말을 하고 있다.

「옛날에 국가를 도모(圖謀)하던 사람들은 반드시 먼저 백성들을 교화(敎化)함으로써 만민과 친하였다. 네 가지 조심해야 할 불화(不和)가 있다. 나라 안이 불화하면 군사를 출동시켜서는 안 된다, 군대 내부가 불화하면 출전을 하여서는 안 된다, 진지(陣地) 내부가 불화하면 나아가 싸워서는 안 된다. 싸움에 의견이 불화하면 승리를 결(決)할 수가 없는 것이다.」(圖國)

곧 전쟁을 하기 전에 온 나라 안과 온 군대 내부가 잘 조화되어 서로 단결할 수 있어야만 승리를 거둘 수 있다는 것이다. 군대 내부가 잘 조화되어 단결하기 위하여는 여기에서 말한 여섯 가지 「패배의 도」를 밟는 일이 없어야만 할 것이다.

15.

지형이란 것은, 병세(兵勢)를 돕는 것이니 적의 정세를 정확히 헤아리어 승리를 거둠에 있어서는 험하고 막히고 멀고 가까운 지형을 잘 요량하여야 하는데, 이것이 상장(上將)의 도리인 것이다. 이것을 알아가지고 전쟁에 응용하는 사람은 반드시 승리할 것이며, 이것을 알아가지고 전쟁에 응용하지 못하는 사람은 반드시 패배할 것이다.

夫地形者, 兵之助也. 料敵制勝, 計險阨遠近, 上將之道也. 知此而用戰者, 必勝, 不知此, 而用戰者, 必敗.

- 險阨(험애) : 험하고 거의 막혀 있는 지형. 애(阨)는 隘(애)와 도 통한다. 앞에 보인 「험형」과 「애형」으로 보아도 좋다.
- 上將(상장) : 최고 사령관. 장수.

＊ 전쟁에서 지형을 이용한다는 것은 작전의 출발인 것이다. 지형을 바탕으로 하여 승리를 거둘 수 있는 여러 가지 작전이 마련되는 것이다. 그러므로 장수는 지형의 응용에 세심한 주의를 하여야 한다. 여러 가지 지형을 전쟁에 잘 이용하는 군대는 승리를 거두지만 지형을 이용할 줄 모르는 군대는 틀림없이 패배한다. 지형을 이용할 줄 모른다는 것은, 바로 작전을 올바로 세울 줄 모른다는 말이 되기 때문이다.

16.

그러므로 전쟁 원리로 보아 반드시 이길 수 있다면, 임금이 싸우지 말라고 말해도 기필코 싸워도 괜찮다. 전쟁 원리로 보아 이길 수가 없다면, 임금이 꼭 싸우라고 말한다 해도 싸우지 않아도 괜찮다. 그러므로 나아감에 있어서는 명성을 구하지 않으며 물러남에 있어서는 죄를 피하지 않고, 오직 백성들만을 보호함으로써 임금을 이롭게 하는 사람이 나라의 보배인 것이다.

故戰道必勝, 主曰無戰, 必戰可也. 戰道不勝, 主曰必戰, 無戰可也. 故進不求名, 退不避罪, 惟民是保, 而利於主, 國之寶也.

- 戰道(전도) : 전쟁의 도. 작전의 도리. 전쟁 원리(戰爭原理).
- 進(진) : 장수로서 전장에 나아가 싸우는 것.
- 退(퇴) : 싸우지 않고 물러나는 것.

* 장수는 전쟁에 임하여는 무엇보다도 전쟁 원리에 입각해서 행동하여야 한다. 전쟁 원리는 장수에게 있어서는 천자의 명령보다도 절대적이다.

그래서 중국에서는 손자 이래로,

「군대 안에서는 천자의 조명(詔命)을 듣지 않는다(軍中不聞天子詔).」는 게 전쟁에 임한 장수들의 표어로 사용되어 왔다.

장수는 적의 정세를 올바로 판단하여 적과 싸우는 게 나라와 백성들을 위하여 이로운가 이롭지 않은가를 결정한 다음 전쟁을 하거나 그만두어야 한다. 임금이 전쟁을 하라 한다고 덮어놓고 싸우거나 전쟁을 하지 말란다고 덮어놓고 물러나서는 안 된다. 오직 나라와 백성들을 위한다는 표준 아래 행동을 하여야 한다.

따라서 장수는 임금의 명령을 어기어 죄를 짓게 된다 하더라도 그것이 정말로 나라와 백성을 위하는 길이라면 서슴치 말고 실천하여야 한다. 명예나 공로를 위하여 움직이는 장수는 훌륭한 장수가 못 된다.

손무(孫武)는 「손자」의 제자라고도 하는데, 그는 이러한 이론을 실천한 장군이었다. 그는 오(吳)나라의 장수로서 초(楚)나라를 쳐서 수도 영(郢) 땅을 함락시키고 제(齊)나라와 진(晉)나라까지도 놀라서 떨게 만들 만큼 큰 공로를 세웠었다. 그러나 손무는 이러한 전쟁의 공로를 모두 그의 상관인 오원(吳員)에게로 돌렸다. 그래서 손무의 이름은 「좌전(左傳)」에도 보이지 않는다. 그는 오직 나라와 백성들을 위하여 싸웠을 따름이지 공로 같은 것은 안중에도 없었던 것이다.

그러나 뒤에 오원은 이러한 공로로 출세를 하다가 촉루(屬鏤)란 명검(名劍)을 임금에게서 하사받고 자살을 강요당하였다. 그의 시체는 말 가죽에 싸여 장강(長江)에 던져졌다. 그 반면 손무는 제 목숨대로 살다 죽었다. 이렇게 보면 손무는 병법에 뛰어났을 뿐만 아니라 모든 인사(人事)를 꿰뚫어 헤아리는 혜안(慧眼)까지 지녔던 것 같다.

17.

졸병들을 보기를 어린아이처럼 하기 때문에 그들은 장수와 더불어 깊은 계곡이라도 뛰어들게 되는 것이다. 졸병들을 보기를 사랑하는 자식처럼 하기 때문에 그들은 장수와 더불어 죽음을 같이 하는 것이다. 사랑하기는 하면서도 명령하지는 못하고, 위해주기는 하면서도 부리지는 못하며, 혼란한 것을 다스리지 못한다면, 비유를 들면 마치 버릇 없는 자식 같아서 쓸 수가 없는 것이다.

視卒如嬰兒, 故可與之赴深谿, 視卒如愛子, 故可與之俱死. 愛而不能令, 厚而不能使, 亂而不能治, 譬如驕子, 不可用也.

• 嬰兒(영아) : 어린아이.
• 赴深谿(부심계) : 깊은 계곡 속이라도 뛰어든다.
• 譬(비) : 비유하다. 보기를 들다.
• 驕子(교자) : 방자한 자식. 버릇 없는 아들.

* 장수는 개인적으로는 자기 부하들을 어린아이처럼 아껴주고 자기 친자식처럼 사랑해야 한다. 그리고 군령을 엄히 하여야만 군대 통솔이 잘되고, 부하들은 그의 장수를 위하여 목숨까지 아낌없이 바치게 된다.

초(楚)나라의 장수로서 병법에 뛰어났던 오기(吳起)는 부하들을 무척 사랑하였다. 한번은 부하의 종기를 직접 입으로 빨아주었다. 그것을 본 군사의 어머니는 돌아서서 통곡을 하였다.

옆에 있던 사람이 그 어머니에게 물었다.

「장군께서 아주머니 아드님을 종기를 빨 정도로 사랑하시는데, 어찌하여 우십니까?」

그 어머니의 대답은 이러했다.

「저 애 아버지는 장군께서 종기를 빨아주었기 때문에 장군을 위해 싸우다 목숨을 바쳤습니다. 이제는 저 애도 장군을 위해서 목숨을 바칠 것입니다. 그래서 우는 것입니다.」

장수가 부하의 고름을 빨아줄 정도로 부하들을 아끼면 장수를 위하여 그 부하들은 서슴치 않고 목숨을 바칠 것이다. 사랑하고 아껴주어도 영을 거스르는 자들은 버릇 없는 자식이나 같은 것이니, 엄한 형벌로 제재를 가하여도 그릇된 일이라 여기지 않을 것이다.

18.

우리 군사들로서 적을 칠 수 있다는 것은 알면서도 적에게 공격을 가해서는 안됨을 알지 못한다면, 반은 이기고 반은 질 것이다. 적을 쳐도 괜찮다는 것은 알면서도 우리 군사들로서 적을 공격해서는 안됨을 알지 못한다면, 반은 이기고 반은 질 것이다. 적을 쳐도 괜찮다는 것을 알고, 또 우리 군사들로서 적을 쳐도 괜찮다는 것을 알면서도 지형이 싸워서는 안될 곳임을 알지 못한다면, 반은 이기고 반은 질 것이다.

知吾卒之可以擊, 而不知敵之不可擊, 勝之半也. 知敵之可擊, 而不知吾卒之不可以擊, 勝之半也. 知敵之可擊, 知吾卒之可以擊, 而不知地形之不可以戰, 勝之半也.

- 可以擊(가이격) : 적에게 공격을 가하여도 좋을 만큼 대비가 잘되어 있는 것.
- 不可擊(불가격) : 적이 이편의 공격에 완전히 대비하고 있어서 공격을 해서는 안 되는 것.
- 勝之半(승지반) : 반은 승리한다. 곧 반은 이기고, 반은 진다는 뜻.

- 可擊(가격) : 적의 수비가 소홀하여 우리가 그들을 공격해도 좋은 상태에 있는 것.
- 不可以擊(불가이격) : 우리 군사들의 준비가 불충분하여 적을 공격할 수 없는 상태에 있는 것.

* 전쟁을 하려면 자기편의 준비도 잘 갖추어져 있음을 확인하여야 하지만 적의 대비 태세도 올바로 파악하여야 한다.

앞에 손자는, 「적을 알고 자기를 알면 백 번 싸워도 모두 패하지 않는다.」고 하였다. 자기편의 준비가 완전하고 적의 대비는 불완전하다는 것을 확인한 다음에 싸운다면 반드시 이길 것이라는 것이다.

그러나 이러한 정세 파악이 정확하다 하더라도 지형을 이용할 줄 모르면 전쟁에 꼭 이긴다고 할 수 없다. 지형을 이용한다는 것은 작전의 기초이므로, 지형을 올바로 이용 못하는 것은 유리한 작전을 전개시키지 못함을 뜻한다. 강한 군대가 약한 적을 상대로 싸운다 하더라도 작전에 실패한다면 승리를 보장할 수는 없는 것이다.

19.

그러므로 군대에 관하여 잘 아는 사람은, 행동에 미혹됨이 없고 군사를 일으킴에 궁지에 몰리는 일이 없다. 그러므로 「적을 알고 자기를 알면, 승리가 곧 위태롭지 않다.」고 말하는 것이다. 하늘을 알고 땅을 알면, 승리는 곧 완전할 수가 있는 것이다.

故知兵者, 動而不迷, 擧而不窮. 故曰, 知彼知己, 勝乃不殆. 知天知地, 勝乃可全.

- 知兵(지병) : 군대에 대하여 알다. 병법을 알다.
- 擧(거) : 군대의 동원. 군사를 일으킴.

* 병법을 잘 아는 사람은, 군대를 통솔함에 있어서 미혹되거나 궁지에 몰리는 일이 없다. 그것은 언제나 적과 우리의 정세를 정확히 판단하여 유리한 행동만을 하기 때문이다. 적의 정세와 우리의 실력을 올바로 평가할 줄 안다면, 이미 승리는 우리 편으로 기울어지게 마련이다. 거기에다 하늘의 때를 올바로 이용하고 지형을 이용하여 유리한 작전까지도 전개시킬 줄 안다면, 승리는 완전히 우리의 것이 된다는 것이다.

손자

제11권

11. 구지편九地篇

「구지」는 아홉 가지 지형 또는 여러 가지 지형의 뜻. 전쟁이란 땅을 떠나서는 할 수 없는 것이기 때문에, 앞에서도 이미 여러 번 강조했듯이 지형을 잘 이용한다는 일은 작전의 기초가 된다. 지형과 군사들이 하나로 융합될 수 있어야 작전은 완전한 승리로 우리를 인도할 것이다. 이편에서는 여러 가지 지형의 응용에 중점을 두어 논술하고 있다. 손자가 지형에 이처럼 주의를 기울이고 있는 것은, 그것이 작전에 절대적인 영향을 끼치기 때문일 것이다.

1.

손자가 말하였다.

용병(用兵)하는 방법에 있어서 산지(散地)가 있고, 경지(輕地)가 있고, 쟁지(爭地)가 있고, 교지(交地)가 있고, 구지(衢地)가 있고, 중지(重地)가 있고, 비지(圯地)가 있고, 위지(圍地)가 있고, 사지(死地)가 있다.

孫子曰, 凡用兵之法, 有散地, 有輕地, 有爭地, 有交地, 有衢地, 有重地, 有圮地, 有圍地, 有死地.

• 圮(비) : 圯(이)와 다른 글자이다. 圯(이)는 흙으로 만든 다리(土橋)의 뜻. 圮(비)는 무너진다는 뜻임. 지형의 설명은 뒤에 나오므로 생략한다.

＊「오자(吳子)」에도, 「군대에는 네 가지 기틀(機)이 있는데, 첫째는 사기의 기틀(氣機)이요, 둘째는 지형의 기틀(地機)이요, 셋째는 일의 기틀(事機)이요, 넷째는 힘의 기틀(力機)이다.」고 말하고 있다.

군대는 첫째 사기(士氣)가 있어야 하고, 둘째는 지형을 유리하게 이용할 줄 알아야만 한다는 것이다.

여기에 든 아홉 가지 지형에 대하여는 다음부터 한 가지씩 설명하기로 한다.

2.

제후 스스로가 나아가서 자기 나라 땅 안에서 싸우는 곳을 「산지(散地)」라 한다.

諸侯自戰其地者, 爲散地.

• 其地(기지) : 그의 나라 땅. 자기네 영토.

＊ 임금이 직접 전쟁에 나선다는 것은, 나라의 위기를 뜻한다. 그리고 자기 나라 땅 안이 전쟁터가 된다는 것은, 수많은 노인들과 여자들 어린아이들까지도 희생을 당하고 나라 땅이 황폐하고 만다. 군사들이 나라의 위기를 느끼고 있고, 또 자기 가족들의 안위(安危)까

지도 걱정하게 되면 자연히 사기가 저하되고 여러 사람들의 마음이 흩어지게 된다. 여러 군사들의 마음이 이산(離散)된다는 뜻에서, 여기에 「산지(散地)」라 이름을 붙였다.

여러 번의 호란(胡亂)이나 왜란(倭亂)에서 우리나라 군대가 패하였던 것도 산지(散地)였다는 게 그 원인의 하나였을 것이다. 적군은 거침 없이 물자를 파괴하며 싸우는 반면, 우리는 백성들의 안전과 물자의 파괴를 방지할 것을 함께 염려하며 싸우자니 싸움에만 전념(專念)할 수 없어 패하게 되는 것이다.

3.

적의 영토로 침입하였으되 깊이 들어가지 않고 있는 곳을 「경지(輕地)」라 한다.

入人之地而不深者, 爲輕地.

• 人之地(인지지) : 적의 땅. 적의 영토.

* 적의 영토 안으로 침입은 했으되 깊이 들어가지는 못하고 있으면, 군사들은 앞길을 걱정하며 고향을 생각하게 된다. 이처럼 국경 가까이 있으면, 군사들은 가벼이 도망쳐 돌아가려고 들기 때문에 「경

지(輕地)」라 부르는 것이다. 따라서 일단 국경을 넘어 들어가면, 적의 영토 깊숙한 곳까지도 짓밟을 수 있어야만 하는 것이다.

4.

우리가 차지하면 우리에게 유리하고, 적이 차지하면 또 적에게 유리한 곳이 「쟁지(爭地)」이다.

我得亦利, 彼得亦利者, 爲爭地.

* 전쟁이 일어나기만 하면 서로 먼저 차지하려고 다투는 목표지가 되는 곳이 「쟁지(爭地)」이다. 중국에서는 산관(散關) 함곡관(函谷關) 같은 관문들이 옛날부터 서로 다투는 요지가 되어 왔으며, 삼국시대에는 형주(荊州) 익주(益州) 같은 고장이 서로의 「쟁지」였다. 현대 전술에 있어서는 군수 공업도시나 주요 산업도시, 또는 주요물자 생산지 교통 중심지 같은 곳이 대표적인 「쟁지」가 되고 있다.

5.

우리 편에서 갈 수도 있고 저쪽 편에서 올 수도 있는 곳이 「교지(交地)」이다.

我可以往, 彼可以來者, 爲交地.

* 우리 편에서 공격해 갈 수도 있고 저편에서 공격해 올 수도 있는 지형이란, 대개의 경우 평지를 말한다. 평지에서는 적과 우리의 세력이 서로 교착(交錯)될 수 있다는 데서, 이런 곳을 「교지」라 한 것이다. 위(魏)나라 조조(曹操)도 이 「교지」의 「교」자를 「교차(交錯)」의 뜻이라 풀이하고 있다.

6.

제후의 땅이 적과 우리와 제삼국(第三國)에 연결되어 있어 먼저 가서 차지하기만 하면, 천하의 백성들을 자기 편으로 만들 수 있는 곳을 「구지(衢地)」라 한다.

諸侯之地三屬, 先至而得天下之衆者, 爲衢地.

- 三屬(삼촉) : 적국과 자기 나라는 물론 제삼국(第三國)과도 연결된 중심 지방.
- 衢(구) : 네거리. 사방으로 통하는 곳.

* 자기 나라와 적과 제삼국의 국경이 마주치는 곳을 가리키는 것

은 아니다. 그보다는 「삼촉」이란, 적은 물론 여러 나라들로 통할 수 있는 교통의 요지를 말한다. 이런 교통의 요지를 차지하면 적국의 외교 활동을 막을 수 있는 반면, 자기네들은 사방 여러 나라들과 외교 관계를 잘 유지하여 적을 고립시킬 수 있다는 것이다.

따라서 「구지」란, 네거리란 뜻의 「구(衢)」자가 나타내고 있듯이 여러 나라로 통하는 교통의 요지를 가리킨다.

7.

적의 영토 안으로 깊이 들어가서 많은 성과 고을을 등지고 있는 것을 「중지(重地)」라 말한다.

入人之地深, 背城邑多者, 爲重地.

• 城邑(성읍) : 이미 격파하고 지나온 적의 성과 고을들.

* 적지에 깊이 들어가 그 배후에는 많은 적의 성과 고을들이 있다면, 잘못하면 보급도 쉽지 않으려니와 후퇴하기도 용이하지 않다. 이것은 앞에 나온 「경지(輕地)」와는 반대가 되는 지형으로서 「중난(重難)」한 처지에 있다는 뜻에서 「중지(重地)」라 한 것이다. 이런 처지에 놓이면 본국과의 연락을 긴밀히 하고, 이미 쳐부순 성이나 고을들의

치안(治安)을 확보하면서 원정(遠征)의 목적을 완전히 달성하도록
노력하여야만 할 것이다.

8.

산림(山林)이나 험악한 땅(險阻) 소택지(沮澤)를 행군하
는 것 같은 모든 행군하기 어려운 길을 「비지(圯地)」라 한
다.

山林, 險阻, 沮澤, 凡難行之道者, 爲圯地.

- 險阻(험조) : 험악한 지형.
- 沮澤(저택) : 늪과 연못이 있는 곳. 소택지(沼澤地).

*「圯(비)」는 본시 「무너지다」, 「깨어진다」의 뜻. 산림이나 험악한
땅 또는 소택지에서의 군사행동은 여러 가지 제약과 함께 고생스러
운 일이어서 군대의 질서가 무너지기 쉽다. 그래서 그런 지형을 「비
지」라 한 것이다. 적을 앞두고 이러한 「비지」에서 오랫동안 행군을
하다가는 군사들이 지치고 병나기 쉽고 적의 기습을 받기 쉽다. 그러
므로 비지에서의 군사행군은 각별한 주의를 요한다.

9.

들어온 곳은 좁고 되돌아갈 길은 멀리 돌아야만 하고, 적이 적은 수로도 우리의 많은 병력을 공격할 수 있는 곳이「위지(圍地)」이다.

所由入者隘, 所從歸者迂, 彼寡可以擊吾之衆者, 爲圍地.

- 所由入者(소유입자) : 현재 지형으로 들어온 통로.
- 隘(애) : 좁은 것.
- 所從歸者(소종귀자) : 돌아갈 길. 돌아갈 때 이용할 수 있는 길.
- 迂(우) : 멀리 돌아감. 우회(迂廻)함.

* 이곳으로 들어온 길은 좁은 관문 같은 곳이어서 쉽사리 퇴각할 길이 막혀버리고 다시 돌아가려면 멀리 돌아가야 한다. 그리고 적은 우리를 공격하기 유리하고, 우리는 맞아 싸우기 곤란하다. 이런 곳은 적에게 포위당하기도 쉬우므로「위지(圍地)」라 한 것이다. 사방에 적이 있는 분지(盆地) 속 같은 곳이 이에 해당할 것이다. 분지 속에 들어가면 전진하기도 어렵고 퇴각하기도 어려우며, 소수의 적에게 많은 군사들이 전멸당하기 쉽다.

10.

열심히 싸우면 곧 생존하지만, 열심히 싸우지 않으면 곧 멸망할 곳이 「사지(死地)」이다.

疾戰則存, 不疾戰則亡者, 爲死地.

• 疾(질) : 빠르다, 날쌔다, 날쌔고 열심히 하다.

*「사지(死地)」란, 결전장을 말한다. 백병전이 붙은 결전장에서는 열심히 모질게 싸우는 편이 이긴다.

「오자(吳子)」는 결전장에서의 장병의 태도를 다음과 같이 설명하고 있다.

「모든 군대들이 싸우는 마당이란 시체만이 남는 땅인 것이다. 필사적으로 싸우면 살고 요행히 살기를 바라면 죽는다. 그럴 때의 훌륭한 장수는 물이 새어드는 배 안에 앉아있거나 불이 붙은 집 아래 엎드려 있는 듯한 마음가짐을 지녀야 한다. 그러면 지혜 있는 자들이라도 그에게 계책을 쓸 여유가 없고, 용감한 자들이라도 성을 낼 여유가 없을 것이니 적을 맞아 싸워도 좋은 것이다. 그러므로 용병(用兵)의 해는 우물쭈물 유예(猶豫)하는 것이 가장 크고, 삼군의 재난은 망설이며 의심을 지는 데(狐疑)서 생겨난다고 말하는 것이다.」 (治兵)

일단 「사지(死地)」에 들어가면 조금의 망설임이나 주저없이 필사
적으로 싸워야만 적을 쳐부수고 자신이 살아남을 수 있다는 것이다.

11.

그러므로 「산지(散地)」에서는 전쟁을 해서는 안 된다. 「경
지(輕地)」에는 오래 머물러 있어서는 안 된다. 「쟁지(爭地)」
에서는 뒤늦게 공격을 해서는 안 된다. 「교지(交地)」에서
는 적의 교통을 단절(斷絕)하지 말 것이다. 「구지(衢地)」에
서는 제삼국(第三國)과 외교를 잘 맺어야 한다. 「중지(重
地)」에서는 약탈(掠奪)을 감행하여야 한다. 「비지(圮地)」는
속히 지나쳐 버려야 한다. 「위지(圍地)」에서는 그곳을 벗
어나도록 꾀하여야 한다. 「사지(死地)」에서는 곧 열심히
싸워야 한다.

是故散地則無戰, 輕地則無止, 爭地則無攻, 交地
則無絕, 衢地則合交, 重地則掠, 圮地則行, 圍地則
謀, 死地則戰.

• 止(지) : 멈추다. 머무르다.
• 絕(절) : 적의 교통을 절단(絕斷)하는 것.

• 合交(합교) : 전쟁을 않는 제3국(第三國)과 외교 관계를 맺는
것. 외교를 통하여 그들을 우리의 동맹국으로 끌어들이거
나 중립을 지키도록 만드는 것이다.
• 掠(약) : 적지의 물건들을 약탈하는 것.
• 謀(모) : 「위지」를 무사히 벗어나도록 계책을 쓰는 것.

* 여기서는 앞에서 말한 아홉 가지 지형에서의 군사행동 방법을 설명하고 있다.

「산지」는 우리 땅이며 임금이 직접 나가야 하므로, 피해도 크려니와 나라의 운명이 걸리는 경우가 많으므로 싸움을 피해야 한다.

「경지」에선 군사들의 마음이 동요되기 쉬우므로, 일단 국경을 넘어 외국을 침범하였으면 깊숙히까지 쳐들어가도록 하여야 할 것이다.

「쟁지」에 적이 먼저 들어가 있다면 적에게 유리하고 우리에겐 불리할 것이므로, 그곳을 공격해서는 안 된다. 그런 곳을 공격하다 보면 승리는 고사하고 희생만 클 것이다.

「교지」에서는 적의 통로를 애써 차단하여 보았자 적은 얼마든지 다른 곳을 이용할 수 있다. 그런 곳에선 쓸데없이 적의 퇴각로나 보급로 같은 것을 끊으려고 애쓸 필요가 없다.

「구지」는 여러 나라와 교통이 잘 통하는 곳이므로, 적 이외의 여러 나라들과 외교 관계를 잘 맺어야 한다. 외국이 우리를 돕거나 적어도 엄정한 중립을 지켜 주어야만 우리는 마음 놓고 적과 상대하여

싸울 수 있을 것이다.

「중지」는 깊숙히 적지 안으로 들어간 곳이므로, 적지의 물건을 약탈하여야만 보급도 원활해지고 군사들의 사기도 오른다.

「비지」 같은 곳은 행동하기 어려워 군사들이 지치기도 쉽고 적의 기습을 받기도 쉬운 곳이기 때문에, 부득이 그런 곳을 지나게 되면 속히 지나치도록 힘써야만 한다.

「위지」에서는 꾀를 내어 적의 유리한 공격으로부터 빠져나오는 수밖에 없을 것이다.

끝으로 「사지」에서는 적과 싸워서 적을 죽여야만 자기가 산다.

이처럼 여러 가지 지형에 따른 군사행동은 모두 같지 않으므로 지형에 따라 적절히 대처할 수 있어야만 한다.

12.

옛날의 용병을 잘하던 사람들은 적으로 하여금 전방(前方)과 후방(後方)이 서로 연락이 되지 않도록 만들었으며, 대부대(大部隊)와 소부대(小部隊)가 서로 의지하지 못하도록 만들었으며, 장교와 졸병들이 서로 구해줄 여지가 없게 만들었으며, 위 부대와 아래 부대가 서로 도와줄 여지가 없도록 만들었고, 졸병들은 이산(離散)하여 모여들지

못하게 하고 군사들이 모여도 부대 편성을 할 여유를 주
지 않았다. 자기편의 이익과 합치되는 경우에는 움직이
되, 이익과 합치되지 않을 적에는 그만두었다.

古之善用兵者, 能使敵人前後不相及, 衆寡不相
恃, 貴賤不相救, 上下不相收, 卒離而不集, 兵合而
不齊. 合於利而動, 不合於利而止.

- 前後(전후) : 적의 전방부대와 후방부대. 전선과 후방.
- 不相及(불상급) : 서로 연락이 잘되지 않는 것.
- 衆寡(중과) : 병력이 많은 대부대(大部隊)와 병력이 적은 소부
  대(小部隊).
- 不相恃(불상시) : 연결을 끊어 서로 의지하거나 서로 돕거나
  믿지 못하게 하는 것.
- 貴賤(귀천) : 계급이 높은 자들과 낮은 자들. 장교와 졸병.
- 上下(상하) : 윗부대와 아래 예하(隸下) 부대.
- 不相收(불상수) : 서로 연락을 유지하며 돕지 못하는 것.
- 不齊(부제) : 군대의 편대를 정돈하지 못하는 것.

＊ 전쟁을 잘하는 사람은 우선 적군의 전방과 후방의 연락 및 대
부대와 소부대의 연락을 끊는다. 그리고는 장교나 사병 또는 윗부대
와 아래 부대가 서로 남을 돌보거나 도와줄 겨를이 없도록 다그친다.

그러면 군사들은 서로 흩어져 한 명령 계통 아래로 모여들지 못하며, 군사들이 한데 모인다 하더라도 편제를 정돈할 여유가 없다. 이렇게만 하면 그렇게 힘들어 공격하지 않아도 적을 쉽사리 격멸시킬 수 있을 것이다.

이러한 비결은 언제나 자기편에 유리하도록 또는 유리할 적에만 행동하고 불리하면 가만히 있는 데 있다. 불리한 데도 전쟁을 한다는 것은 희생을 뜻할 뿐이다.

「육도(六韜)」에서도 태공(太公)은,

「전쟁을 잘하는 사람은 이로움을 보면 놓치지 아니하고 시기를 만나면 의심치 않는다. 이로움을 놓치고 시기에 뒤지면 도리어 그 재앙(災殃)을 받을 것이다.」(軍勢)

고 유리한 처지와 기회를 놓치지 말 것을 강조하고 있다. 유리한 처지와 기회를 놓치지 않으면, 적군은 자기의 실력을 발휘할 여지도 없이 패멸당하고 말 것이다.

13.

감히 여쭈어 보겠습니다.

「적의 군사들이 대열을 정돈하고서 공격하여 오려 할 적에 그들을 어떻게 상대하면 되겠습니까?」

「먼저 그들이 좋아하는 것을 뺏으면, 곧 뜻대로 될 것이다.」

敢問, 敵衆整而將來, 待之若何? 曰, 先奪其所
愛, 則得矣.

- 整(정) : 대열을 정제히 하는 것. 준비를 잘 갖추는 것.
- 將來(장래) : 장차 우리를 공경하려 하고 있는 것.
- 所愛(소애) : 좋아하는 것. 사랑하는 것. 아끼는 것.
- 得(득) : 뜻대로 된다. 보통 「聽(청)」으로 된 판본이 많은데, 역 시 적이 뜻대로 된다는 뜻이다.

* 적군이 좋아하는 땅이면, 그곳은 바로 군사적인 요지일 것이므로 그들에 앞서 점령한다. 그들이 어떤 군수산업 지역을 중히 여기고 있다면, 그런 곳을 먼저 점령한다. 그러면 그들은 싸울 용기를 잃을 것이다.

옛날부터 전쟁이 일어나면 임금의 가족들을 흔히 인지(人質)로 잡아갔는데, 이처럼 사랑하는 가족을 잡아가는 것도 적의 임금이나 장수로 하여금 전의(戰意)를 상실케 하는 방법의 하나이다. 그런 예는 우리나라 역사에도 많았다.

1636년 병자호란(丙子胡亂) 때 인조(仁祖)와 여러 대신들은 남한산성(南漢山城)이란 험요(險要)한 곳에 들어앉아 버티며 항복을 거부하고 있었다. 이때 청나라 병사들은 먼저 강화도를 함락시키고 그곳으로 피란 가 있던 왕자와 비빈(妃嬪) 및 대신들의 가족들을 모두 포로로 잡아갔다. 인조는 사랑하는 가족들의 안부를 생각한 나머지 더 버티지 못하고 청나라에 굴복하는 욕을 당하게 되었었다.

14.

군대의 정세(情勢)는 빠른 것을 위주로 하는 것이니, 적군이 미치지도 못할 틈을 타거나 적군이 생각지도 않은 길을 이용하여 그들이 경계하지 않는 곳을 공격하는 것이다.

兵之情主速, 乘人之不及, 由不虞之道, 攻其所不戒也.

- 情(정) : 정세, 실정, 사정.
- 主速(주속) : 신속함을 위주로 한다. 빠른 것을 귀중히 여긴다.
- 不虞(불우) : 생각지도 않는. 뜻밖의.
- 道(도) : 길. 방법.

* 군사행동은 신속해야 한다는 것은 앞에서도 이미 얘기한 바 있다. 벼락이나 번개가 치는 것처럼 적에게 조금의 여유도 주지 않고

행동하여야 한다. 그래서 기회를 잡으면 적이 손을 쓸 사이도 주지 말고 공격을 가하며, 적이 생각지도 못한 방법으로 뜻밖의 방향에서 공격을 가한다. 이것은 적이 경계하지 않고 있는 허(虛)를 잡아 재빨리 공격을 가하는 것이다. 행동이 느린 군대는 승리하지 못하거니와 간혹 승리를 거둔다 하더라도 패배 못지 않은 큰 희생을 치러야 한다.

15.

침략자가 되는 도리는 다음과 같다. 적지 깊숙이 들어가면, 곧 군사들이 싸움에 전념하게 되어 적군들은 싸움에 이길 수 없게 된다. 풍부한 들판을 약탈하면 전군의 식량이 풍족해진다. 삼가 군사들을 잘 보양(保養)하면서 수고롭히지 아니하면 사기가 합쳐지고 힘이 쌓이게 된다. 군사들을 움직이며 계책을 씀에 있어서는 남들이 추측할 수도 없게 한다. 군사들을 다른 갈 곳이 없는 곳으로 몰아넣으면 죽는 한이 있더라도 도망치지 않는다.

凡爲客之道, 深入則專, 主人不克, 掠於饒野, 三軍足食. 謹養而勿勞, 幷氣積力. 運兵計謀, 爲不可測. 投之無所往, 死且不北.

- 爲客(위객) : 남의 나라를 침략하는 것. 침략하는 자가 손님(客)이라면, 침략을 받는 사람들은 주인(主人)이다.
- 專(진) : 오로지 하다. 적과의 싸움에만 전념(專念)하다.
- 不克(불극) : 이겨내지 못하다.
- 饒野(요야) : 물자가 풍부한 적국의 들판.
- 謹養(근양) : 음식을 많이 먹여서 영양을 풍부히 공급하는 것.
- 幷氣(병기) : 기세가 합쳐지다. 사기가 오르다.
- 運兵(운병) : 군사들을 움직이는 것.
- 爲不可測(위불가측) : 지휘하는 장수 이외의 사람들은 군사들을 움직이는 의도를 추측할 수도 없게 하는 것.
- 投之(투지) : 군사들을 몰아넣는 것.
- 無所往(무소왕) : 적과 싸우는 이외엔 다른 갈 길이 없는 곳.
- 北(배) : 背(배)와 통하여, 「도망치는 것」.

* 여기서는 군사들을 이끌고 외국을 침략하는 방법을 논하고 있다. 군사들을 이끌고 적지 깊숙히 들어가면 군사들은 자연히 서로 단결을 하게 되고 오직 싸움에만 전념하게 된다. 그러니 적국을 침략하려면 적지 깊숙히 파고 들어야만 한다. 그리고 적지의 물자들을 약탈케 함으로써 군사들의 급식을 풍부히 해주고 힘과 사기를 기른다. 그런 다음 장수는 묘한 계책을 써가며 군사들을 움직이고, 적과 싸우는 길 이외엔 다른 도리가 없는 지경으로 군사들을 몰아넣는다. 그러면

군사들은 도망갈 생각을 버리고 한사코 싸울 것이라는 것이다.

16.

죽을 지경이 되면 어찌 군사들이 힘을 다하지 않겠는가? 병사들이란 심히 위태로운 지경에 빠지면 두려워하지 않는다. 다른 갈 곳이 없게 되면 투지가 굳어진다. 적지에 깊히 들어가면 서로 단결을 하게 된다. 어찌하는 수가 없게 되면, 곧 싸우게 된다.

死焉不得士人盡力? 兵士甚陷則不懼, 無所往則固, 入深則拘, 不得已則鬪.

- 焉不得(언부득) : 어찌…안할 수가 있겠는가?
- 盡力(진력) : 힘을 다해 싸우는 것.
- 甚陷(심함) : 매우 위태로운 처지에 빠지는 것.
- 懼(구) : 두려워하다.
- 固(고) : 투지(鬪志)가 더욱 굳어지는 것.
- 拘(구) : 서로 마음이 엉키어 단결을 이루는 것.

* 앞에서 적국을 침략하려면 군사들을 적지 깊숙히 몰아넣어 싸

우는 도리밖에는 다른 도리가 없도록 만들어야 한다고 하였다. 적지
깊숙히 들어가면 군사들이 단결을 하게 되고, 위험한 처지에서는 오
히려 두려움을 잊게 되어, 궁지에 몰리면 앞을 다투어 싸우게 된다는
것이다. 군사들이 두려움없이 단결하여 앞을 다투어 싸운다면, 웬만
한 적은 모두 이길 수 있을 것이다.

17.

그러므로 그 군대는 주의시키며 수련(修練)하지 않아
도 경계(警戒)를 하며, 요구하지 않아도 뜻대로 움직이게
되며, 규약으로 구속하지 않아도 군사들이 서로 친하며,
명령을 내리지 않아도 지휘관을 신뢰(信賴)한다. 그리하
여 유언비어(流言蜚語)를 금하고 의구심(疑懼心)을 없애주
기만 하면 죽게 되는 한이 있더라도 부대를 이탈하는 자
가 없게 된다.

是故其兵不修而戒, 不求而得, 不約而親, 不令而
信. 禁祥去疑, 至死無所之.

• 修(수) : 수련(修練)을 통하여 주의시키는 것.
• 戒(계) : 경계(警戒)하다. 군기를 잘 지키며 적에 대비하다.

- 不求(불구) : 군대들에게 어떻게 움직여 달라고 요구하지 않는 것.
- 得(득) : 뜻대로 되어지는 것.
- 不約(불약) : 규약으로서 구속하지 않는 것.
- 祥(상) : 길흉(吉凶)에 관한 예언. 요사스런 말. 유언비어(流言蜚語).
- 無所之(무소지) : 그 부대를 이탈하여 도망치는 자들이 없다.

＊ 궁지에 몰리면 쥐도 고양이에게 덤벼든다. 그것은 죽음을 각오하였기 때문에 최선을 다해보는 것이다. 그처럼 군대도 적과 싸우는 길밖에는 딴 도리가 없는 처지에 놓이게 되면 명령하지 않아도 서로 단결하여 잘 싸운다. 이런 경우에 단 한 가지 유언비어가 유행하거나 군사들이 의구심을 품게 하는 일이 없도록 하여야 한다. 적지 깊숙한 곳에서는 군사들이 지휘관을 신뢰하기만 하면 목숨을 바쳐 싸운다는 것이다.

「오자(吳子)」에서도 무후(武侯)가,

「군대는 무엇으로써 승리를 거둡니까?」하고 물었을 때,

오기(吳起)는 「다스림(治)으로써 이깁니다.」고 대답하고는, 다시 「다스림」에 대하여 다음과 같은 설명을 첨가하고 있다.

「이른바 다스린다는 것은, 평상시에는 예의가 있고 움직이면 위엄이 있으며, 진격을 하면 당해낼 자가 없고 퇴각을 하면 추격할 자가 없다. 전진을 하거나 퇴각을 하거나 절도가 있으며, 왼편으로 움

직이거나 오른편으로 움직이거나 모두 지휘를 따른다. 비록 부대 간의 연락이 끊겼다 해도 진형(陣形)을 이룩하고, 비록 군사들이 분산되었다 해도 언제나 대오(隊伍)를 이룬다. 모두 함께 편안히 지내기도 하고, 모두 함께 위험을 무릅쓰기도 한다. 그러한 군대는 뭉쳐지기는 하지만 분산되지는 않으며, 전쟁을 하여도 지치지 않는다. 이들을 다른 갈 곳이 없는 곳으로 몰아넣는다면, 천하에는 이들을 당해낼 자가 없을 것이다. 이러한 군대를 이름하여 『부자의 군대(父子之兵)』라 하는 것이다.」

손자가 이곳에서 설명하고 있는 것도 오자가 말한 「부자의 군대」인 것이다.

18.

우리 군사들이 여분(餘分)의 재물을 모으지 않는 것은 재물을 싫어해서가 아닌 것이다. 생명에 여유를 두지 않는 것도 오래 살기 싫어서 그러는 것은 아니다.

출동 명령이 내리는 날에는 앉아있는 사졸들은 눈물이 옷자락을 적시고, 누워있는 자들은 눈물이 턱에까지 엇섞여 흐른다. 그러나 이들을 다른 갈 곳이 없는 처지로 몰아넣으면 조궤(曹劌)와 같은 용기가 생기게 된다.

吾士無餘財, 非惡貨也. 無餘命, 非惡壽也. 令發
之日, 士卒坐者, 涕霑襟, 偃臥者, 涕交頤. 投之無
所往, 曹劌之勇也.

- 無餘財(무여재) : 여분(餘分)의 재물을 많이 모아놓는 것.
- 惡貨(오화) : 재물을 싫어하다.
- 無餘命(무여명) : 생명에 여유를 두지 않다. 목숨을 아끼지
  않고 싸우다.
- 令發(영발) : 전쟁터로 나가라는 명령이 내리는 것.
- 涕(체) : 눈물.
- 霑襟(점금) : 옷 앞깃을 적시다.
- 偃臥(언와) : 드러누워 있는 것.
- 交頤(교이) : 턱 언저리까지 온 얼굴에 눈물이 엇섞여 흐르
  는 것.
- 投(투) : 군대들을 일정한 장소로「몰아넣는 것」.
- 無所往(무소왕) : 적과 싸우는 이외에는 다른 살아갈 방법이
  없는 것.
- 曹劌(조궤) : 조말(曹沫)이라고도 부르며, 힘이 장사였다. 노
  (魯)나라 장공(莊公)을 섬기어 노나라 장수가 되었다. 제(齊)
  나라와 전쟁이 일어나 세 번 싸웠으나 자기 혼자의 힘으로는
  어찌할 수 없어 세 번 모두 패하였다. 노나라는 제나라에게
  땅을 떼어주고 화해하기로 하였는데 강화회의 석상에서 조
  말은 제나라 환공(桓公)에게 칼을 빼들고 협박하여 노나라
  의 땅을 다시 찾았다는 용감한 자이다.

보통 판본엔 「저궤(諸劌)」로 되어 있어 專諸(전저)와 曹劌(조
궤)의 두 사람으로 보기도 한다. 전저는 오(吳)나라 임금 요
(僚)를 암살한 용사로 이름이 나 있다.

* 군사들이 지나치게 재물을 탐내지 않고 목숨을 바쳐가며 싸우
는 것은, 그들이 재물을 모르거나 오래 살기 싫어서 그러는 것은 아
니다. 그들도 전쟁터에 끌려 나올 적에는 죽음을 생각하며 눈물을 흘
린 자들이었다. 그러나 지휘자가 그들의 신뢰를 받으면서 그들을 적
지 깊숙히 몰아넣어 두면, 그들은 자기들이 살아남기 위하여서도 서
로 단결하여 용감히 싸우게 된다. 군대란 본시부터 용감한 군대가 따
로 있는 게 아니다. 용감히 싸우지 않으면 안될 처지에 몰아넣고 보
면, 어떤 군대라 하더라도 용감해지지 않을 수가 없는 것이다.

19.

그러므로 용병을 잘하는 사람은, 비유를 들면 솔연(率
然)과 같다. 「솔연」이란 상산(常山)에 사는 뱀이다. 그 머
리를 치면 곧 꼬리가 달려들고, 그 꼬리를 치면 머리가
달려들며, 그 가운데를 치면 곧 머리와 꼬리가 한꺼번에
달려든다.

故善用兵者, 譬如率然. 率然者, 常山之蛇也. 擊
其首則尾至, 擊其尾則首至, 擊其中則首尾共至.

- 率然(솔연) : 뱀의 이름.
- 常山(상산) : 절강성(浙江省) 상산현(常山縣) 동쪽에 있는 산
  이름.
- 首(수) : 머리.
- 至(지) : 달려드는 것.

＊이 글은 지금까지 이편에서 설명해 온 여러 가지 병법을 비유로
결론지은 것이다. 곧 군사행동은 변화가 많아야 한다.「상산의 뱀」
처럼 언제나 적의 행동을 재빠르게 역이용(逆利用)할 줄 알아야 한
다. 이편을 공격하다 보면 언제나 뒤편 또는 좌우에서 역습을 당하
게 된다.

후세에는 여기에서 힌트를 언어「상산진(常山陣)」이란 변화 많은
진법도 생겼었다. 뱀의 몸과 같은 굴곡(屈曲)을 이용하여 적이 어느
쪽으로 오거나 반대편, 뒤 또는 좌우편에서 역습을 가할 수 있는 형
태의 진을「상산진」이라 부른다.

20.

감히 여쭈어 보건대, 군대를 「솔연(率然)」처럼 부릴 수가 있습니까?

그럴 수 있다. 오(吳)나라 사람과 월(越)나라 사람들은 또 서로 미워하지만, 그들이 함께 배를 타고 물을 건너다 풍랑을 만나면, 그들은 서로 돕기를 왼손과 오른손처럼 할 것이다.

敢問, 兵可使如率然乎? 曰, 可矣. 夫吳人與越人相惡也, 當其同舟濟而遇風, 其相救也, 如左右手.

• 吳人與越人(오인여월인) : 오나라 사람들과 월나라 사람들. 오나라와 월나라는 오랫동안 서로 엎치락뒤치락 전쟁을 하여 적대 감정을 품고 있었다.
• 濟(제) : 강물을 건너는 것.

*「상산의 뱀」과 같은 군대가 되기 위하여는 장수의 지혜가 뛰어나야 하지만, 또 한편으로 군사들이 단결을 하여야 한다. 싸운다는 목적을 위하여 모두가 합심하지 않을 수 없는 처지로 군대를 몰아넣는 것이 가장 좋은 방법이라는 것이다. 원수 사이의 사람들이라 하더라도 함께 배를 타고 가다가 폭풍우를 만나면 살기 위하여 서로 협력

을 한다. 그처럼 군사들은 적지 깊숙히 몰아넣어 싸우는 것만이 유일한 살 길이라는 것을 알도록 만들어 놓으면 자연히 모두가 합심하여 서로 도움으로써 「상산의 뱀」과 같은 군대를 이루게 된다는 것이다.

21.

그러므로 말을 나란히 세워놓고 재갈을 서로 묶어 놓거나 수레바퀴를 묻어 후퇴를 못하게 한다 하더라도 믿을 만한 것이 못된다. 모든 군사들을 한결같이 용감하게 만드는 것이 군정(軍政)의 도(道)이다. 강하게 버티거나 유연(柔軟)하게 물러나는 일이 모두 합당하도록 지형의 이치를 따라야 한다. 그러므로 용병을 잘하는 사람들은 마치 손을 잡고 한 사람을 부리듯 군대를 지휘하는데, 그렇게 움직이지 않을 수가 없도록 만들기 때문이다.

是故方馬埋輪, 未足恃. 齊勇如一, 政之道也. 剛柔皆得, 地之理也. 故善用兵者, 若攜手使一人, 不得已也.

• 方馬(방마) : 말을 나란히 세워놓고 여러 말의 제갈을 끈으로 연결시켜 놓는 것. 한 마리의 말만이 멋대로 행동하지 못하

게 하기 위한 것이다.

- 埋輪(매륜) : 수레바퀴를 땅에 묻는 것. 멋대로 후퇴하는 것을 방지하는 방법이다.
- 未足恃(미족시) : 믿고 있을 만하지 못하다.
- 齊勇(제용) : 겁이 많은 자들도 용감한 자들과 함께 행동하도록 만드는 것.
- 剛柔(강유) : 강하게 버티며 진격하는 것과, 유연하게 양보하며 후퇴하는 것.
- 皆得(개득) : 모든 일이 합당한 것.
- 攜手使一人(휴수사일인) : 손을 잡고서 한 사람을 부리는 것.

* 군대는 강요하기만 해 가지고는 제대로 통솔되지 않는다. 수많은 병력의 대부대를 한 사람을 부리듯 지휘할 수 있는 가장 중요한 방법은, 군사들로 하여금 그렇게 움직이지 않으면 안되도록 만드는 것이다. 사람들을 마지못해 명령을 따르도록 만들어서는 안 된다. 겁많은 자라도 용감한 사람처럼 전진하지 않을 수가 없게 만들어야 한다. 그리고는 지형을 이용하여 작전을 잘하기만 하면 문제 없이 전쟁에 승리할 수 있을 것이다.

22.

장군의 하는 일은 고요하면서도 유심(幽深)하고, 올

바르면서도 다스려져야만 한다. 사졸들의 귀와 눈을 어리석게 만듦으로써 그들로 하여금 아는 게 없도록 만들어야 한다. 그가 하는 일이 바뀌어지고, 그가 세운 계책이 바뀌어져도 다른 사람들로 하여금 알아보지 못하도록 만들어야 한다. 그들이 머물던 곳을 옮기고, 그가 가는 길이 우회(迂廻)하더라도, 그것을 깨닫지 못하게 만들어야 한다.

將軍之事, 靜以幽, 正以治. 能愚士卒之耳目, 使之無知. 易其事, 革其謀, 使人無識. 易其居, 迂其途, 使人不得慮.

- 幽(유) : 유심(幽深)하다. 유심하여 사실을 알아보기 어렵다.
- 易其事(역기사) : 그가 하던 군사(軍事)를 변경시키는 것.
- 易其居(역기거) : 그의 군대가 주둔하던 곳을 옮기다.
- 迂(우) : 우회(廻迂). 멀리 돌아가는 것.
- 慮(려) : 생각하다. 짐작하다.

* 장군의 일이란, 군대의 지휘 군의 전략(戰略) 같은 것이다. 군사 행동은 고요하면서도 그 뜻이 어디에 있는지 짐작할 수 없어야 하며, 또 그것은 정확히 진행되어야 한다. 그러기 위하여는 병졸들은 아무것도 몰라야 한다. 어디로 무엇하러 가는지도 모르고 지휘에 따라 움

직여야 한다.

「노자(老子)」에서,

「내 말은 매우 알기 쉽고 매우 행하기 쉬운데, 천하 사람들은 그것을 아는 이가 없고 행할 수 있는 이가 없다.」고 한 것은, 장수의 군대 지휘의 오묘한 원리와 통하는 것이다.

그리고 다시,

「세상 일은 풀무와 같다. 풀무는 가만히 있으되 사람들이 그것을 움직인다. 풀무가 빨리 돌리라든가 천천히 돌리라고 요구하는 게 아니라 사람들이 움직이는 대로 풀무는 따르기만 하면 된다.」

고 하였는데, 군사들은 풀무와 같아야 한다는 뜻이다. 그 풀무를 세게 빨리 움직여서 강한 바람을 내거나 약하게 천천히 움직여서 약한 바람을 내는 것은 지휘관의 계략에 의한 것이다. 군사들 자신은 풀무처럼 강한 바람을 내는지, 약한 바람을 내는지 의식할 필요도 없다. 적이나 제삼자도 장수가 풀무질을 하며 센 바람을 내려 하고 있는지, 약한 바람을 내려 하고 있는지 전혀 알 수 없어야만 한다.

23.

장수가 부하들을 거느리고 어떤 목표를 향하여 행동할 적에는 높은 곳에 올려놓고서 그들이 내려올 사닥다리를 치운 것 같은 처지에 두어야 한다. 장수가 부하들을 거느리고 제후들의 땅 안으로 깊히 들어가서는 쇠뇌의 화살을 쏘듯 재빨리 움직이며 진격하여야 한다. 양떼를 모는 것처럼 몰고 가기도 하고 몰고 오기도 하지만, 그들은 어디를 가는 건지 알지 못하여야 한다.

帥與之期, 若登高而去其梯. 帥與之深入諸侯之地, 而發其機. 若驅群羊, 驅而往, 驅而來, 莫知所之.

- 與之期(여지기) : 부하들과 더불어 기약하는 게 있다. 부하들을 거느리고 어떤 목표 달성을 위하여 군사행동을 하다.
- 梯(제) : 사닥다리.
- 機(기) : 쇠뇌의 방아쇠. 쇠뇌를 쏘듯이 신속히 진격한다는 뜻.
- 驅(구) : 몰다. 달리게 하다.

* 앞 문장을 이어 장수가 부하들을 통솔하는 방법을 논한 것이다. 장수는 높은 곳에 올라가 사닥다리를 치우듯이 부하들을 어쩔 수 없는 궁지에 두어야만 한다. 그것은 적지 깊은 곳 같은 데를 뜻한다. 그러한 궁지로 몰아넣은 다음 적을 향하여 재빨리 진격하여야 한다. 그러나 이때 부하들은 순한 양떼처럼 어디로 무엇하러 가는지 알지도 못하면서 덮어놓고 장수의 명령에 복종하여야 한다. 부하들이나 제

3자가 혹 장수의 뜻을 알려고 애쓴다 하더라도 절대로 본 뜻을 알 수 없을 만큼 그 계책은 미묘해야 한다.

24.

삼군의 군사들을 모아 험한 곳으로 그들을 몰아넣는 것, 이것이 바로 장군의 일인 것이다. 이때 장군은 여러 가지 지형의 변화와 굽히어 물러서고 뻗치며 진격하는 이점과 사람들의 감정의 원리를 잘 살피지 않으면 안되는 것이다.

聚三軍之衆, 投之於險, 此將軍之事也. 九地之變, 屈伸之利, 人情之理, 不可不察也.

- 聚(취) : 모으다. 집합시키다.
- 屈伸(굴신) : 굽히는 것과 뻗는 것, 곧 굽히어 후퇴하는 것과 뻗치며 진격하는 것.
- 人情(인정) : 군사들의 감정.

＊ 장수는 전군을 싸우지 않고는 배길 수 없는 처지로 몰아넣을 줄 알아야 전쟁을 승리로 이끌 수 있다. 아무리 훈련이 잘된 강한 군대

라 하더라도 평시나 다름 없는 마음가짐을 지니게 한다면, 그들은 목
숨이 아깝고 두려워서 서로 꽁무니를 빼며 싸우지 않으려 들 것이다.
그런 상태로 적과 대전을 한다는 것은 패배를 자초할 따름인 것이다.

따라서 장수는 여러 가지 지형의 변화에 따라 가장 유리한 작전
을 세울 수 있어야 한다. 가장 유리한 기회를 이용하여 군대를 전진
시키고, 또 유리한 처지에서 후퇴를 하도록 지휘를 잘해야 한다. 그
리고 군사들의 심리 상태를 올바로 파악하여 자진해서 싸움을 하
도록 그 심리를 유도할 줄 알아야 한다. 유리한 지형과 유리한 기회
와 부하들의 심리를 파악할 줄 모르는 장수는 절대로 명장이 될 수
가 없다.

25.

무릇 적지에 침입하는 도리(道理)는 깊숙히 들어가면
군사들의 마음이 전일(專一)되지만, 얕게 들어가면 군사
들의 마음이 분산된다. 자기 나라를 떠나 국경을 넘어
남의 땅에서 전쟁을 한다는 것은 절지(絶地)에 놓이는 것
을 뜻한다.

凡爲客之道, 深則專, 淺則散. 去國越境而師者,
絶地也.

- 爲客(위객) : 남의 나라를 침략하는 군대가 되는 것.
- 深(심) : 적지 깊숙히 침입하는 것.
- 專(전) : 군사들의 마음이 전일(專一)됨. 군사들이 단결하여 오로지 전쟁에만 힘씀.
- 去國越境(기국월경) : 자기 나라를 떠나 국경을 넘어 남의 나라를 침입하는 것.
- 師(사) : 군사. 군사행동. 전쟁.

* 남의 나라를 일단 침략하기 시작했으면 적지 깊숙이 쳐들어가도록 하여야 한다. 적지 깊숙히 들어가면 적과 싸워서 이기는 길만이 자기가 살아갈 수 있는 길임을 알게 될 것이기 때문에 군사들은 서로 단결하여 전쟁에만 전념(專念)하게 된다. 그러나 자기 나라 가까운 곳에 머물러 있으면 적지에서의 자기 위치가 불안하여 군사들은 본국으로 도망칠 생각이나 하게 될 것이다.

일단 적국을 침입한다는 것은 싸워서 이기는 길밖에 살아날 도리가 없는 「절지(絶地)」에 놓이는 것이다. 「절지」란 「절망적인 처지」 또는 「절대적인 처지」의 뜻이다. 따라서 적국에 쳐들어가면 바로 군사들을 완전한 「절지」로 몰아넣어야 한다. 장수는 군사들을 「절지」에 몰아넣을 줄 알아야 전쟁을 승리로 이끌 수 있다. 이 문제에 대하여는 앞에서도 이미 여러 번 강조 되었었다.

26.

사방으로 통하는 곳은 구지(衢地)이다. 적지 깊숙히 들어간 것은 중지(重地)이다. 적지로 얕게 들어간 것은 경지(輕地)이다. 험고(險固)한 지형을 등지고 좁은 길을 앞두고 있는 것은 위지(圍地)이다. 갈 곳이 따로 없는 것은 사지(死地)이다.

四通者, 衢地也. 入深者, 重地也. 入淺者, 輕地也. 背固前隘者, 圍地也. 無所往者, 死地也.

- 四通(사통) : 사방으로 통하는 곳. 교통이 편리한 곳. 보통 통(通)이 달(達)로 된 판본이 많은데, 뜻은 마찬가지이다.
- 背固(배고) : 견고하고 험요(險要)한 지형을 등지고 있는 것.
- 前隘(전애) : 앞에 좁은 길, 곧 애로(隘路)만이 틔어있는 것.

* 이곳에 보인 「구지(衢地)」, 「중지(重地)」, 「경지(輕地)」, 「위지(圍地)」, 「사지(死地)」에 대하여는 이미 이편의 앞머리 「구지(九地)」의 설명에서 더 자세히 설명되었다. 여기에다 「산지(散地)」, 「쟁지(爭地)」, 「교지(交地)」, 「비지(圮地)」의 4가지 지형을 더 보태기만 하면 「구지(九地)」가 된다. 이처럼 문장이 중복되고 있는 것은 착간(錯簡)으로 말미암은 것이다.

27.

그러므로 산지(散地)에서는 우리 군사들의 뜻을 통일시키도록 하여야 한다. 경지(輕地)에서는 우리 부대들의 연락을 긴밀히 하여야 한다. 쟁지(爭地)에서는 우리 부대를 적의 후방으로 돌려 공격한다. 교지(交地)에서는 삼가 우리 수비(守備)를 튼튼히 하도록 해야 한다. 구지(衢地)에서는 우리와 제삼국의 관계를 더욱 친밀히 갖도록 하여야 한다. 중지(重地)에서는 어떤 방법으로든 우리 군사에게 식량 보급이 계속되어야만 한다. 비지(圮地)에서는 군사들로 하여금 가던 길을 속히 행군하도록 하여야 한다. 위지(圍地)에서는 적들이 마련해주는 빈틈을 막아버리도록 하여야 한다. 사지(死地)에서는 우리 군사들에게 잘못하면 살 수 없음을 보여주어야 한다.

是故散地, 吾將一其志. 輕地, 吾將使之屬. 爭地, 吾將趨其後. 交地, 吾將謹其守. 衢地, 吾將固其結. 重地, 吾將繼其食. 圮地, 吾將進其途. 圍地, 吾將塞其闕. 死地, 吾將示之以不活.

• 一其志(일기지) : 군사들의 뜻을 통일케 한다. 앞에서는 사기

(士氣)가 흩어지기 쉬움으로 「산지에서는 싸우지 말라.」고 하였다. 군사들의 뜻이 통일되어 서로 협력할 수만 있다면 싸워도 무방할 것이다.

- 使之屬(사지촉) : 자기네 부대 사이의 연락이나 협조를 긴밀히 하는 것. 이런 곳에서 고립되면 그 부대는 스스로 멸망하게 될 것이다.

- 趨其後(추기후) : 적의 후방으로 돌아가 공격하다. 「쟁지(爭地)」는 차지하는 편이 유리하므로, 적이 먼저 그곳을 차지했다면 우리는 그것을 쟁취(爭取)하지 않으면 안 된다. 정면 공격을 하다가는 우리의 희생이 너무 클 것이므로, 후면으로부터 불의의 공격을 가하여 뺏도록 하여야 한다.

- 謹其守(근기수) : 수비를 견고히 하는 것. 「교지」란, 우리와 적이 같은 조건 아래 있는 것임으로 수비를 튼튼히 하여 적으로 하여금 공격해 오도록 유도하는 것이 훨씬 적은 희생을 내게 된다.

- 固其結(고기결) : 적 이외의 다른 나라들과의 연결을 굳게 갖도록 노력하는 것.

- 繼其食(계기식) : 군사들의 식량 보급을 계속하는 것. 앞에 「중지(重地)에서는 약탈을 하여야 한다」고 하였는데, 적의 것을 약탈해서라도 보급이 끊이지 않아야만 군사들이 용기백배하여 싸울 수가 있을 것이다.

- 進其途(진기도) : 군사들이 가던 길을 빨리 행진하여 지나가는 것.

- 塞其闕(색기궐) : 적을 포위할 때에는 반드시 적이 달아나도

록 좁은 길을 틔워놓는다. 그곳으로 도망하려 들다 보면 틀림없이 전멸당한다. 그러므로 적에게 일단 포위를 당하면 적이 띄워놓은 「빈틈을 완전히 막음」으로써 우리 군사들이 목숨을 걸고 싸워 스스로 포위망을 뚫도록 만들어야 한다는 것이다.

* 이편의 첫머리에서도 「아홉 가지 지형」을 든 다음, 그곳에서 대적(對敵)하는 방법을 하나하나 설명하였다. 앞에서는 이들 지형에서의 군사행동 원칙을 간략히 설명하였으나, 여기에서는 좀더 적극적인 각도에서 구체적으로 군사행동 방법을 서술한 것이다.

손자의 병법은 실전에 있어서는 무엇보다도 지형의 응용(應用)을 중시하였다. 모든 작전이나 계책은 지형을 바탕으로 하여 이루어지는 것이기 때문이다.

28.

그러므로 군사들의 심정(心情)은 포위를 당하면 방어에 전력을 다하게 되며, 어찌하는 수가 없게 되면 용감히 싸우며, 절박하게 되면 명령을 따른다.

故兵之情, 圍則禦, 不得已則鬪, 逼則從.

- 情(정) : 심정(心情), 심리(心理).
- 禦(어) : 방어. 적을 막아내는 것.
- 逼(핍) : 핍박한 처지에 놓이는 것. 정세가 절박해지는 것.

* 앞에서도 여러 번 강조했지만 전쟁은 군사들의 심리 상태를 올바로 파악하여 군사들 스스로가 자신의 목숨을 버리고 싸울 수 있도록 유도하여야 한다. 포위를 당한다든가, 달리 살아날 길이 없는 궁지에 몰린다든가, 절박한 사태를 의식하게만 되면 군사들은 지휘관의 명령을 잘 따르면서 용감히 적과 싸우게 된다. 군사들을 그처럼 통솔할 수 있어야만 훌륭한 장수라 할 수 있다. 모든 군사들이 다 처음부터 용감할 수는 절대로 없다. 다만 장수는 용감한 군사처럼 모든 사람들이 자진해서 싸우도록 정세(情勢)를 이끌어가야만 한다는 것이다.

29.

그러므로 여러 제후들의 계책을 알지 못하는 자는, 미리 적절한 외교(外交)를 맺을 수 없다. 산과 숲, 험난한 곳, 늪과 못의 지형을 이해하지 못하는 자는, 행군(行軍)을 하지 못한다. 길을 안내하는 향도(嚮導)를 쓰지 않는 자는, 지형의 이점을 응용할 수 없게 된다.

是故不知諸侯之謀者, 不能預交. 不知山林險阻
沮澤之形者, 不能行軍. 不用嚮導者, 不能得地利.

- 預交(예교) : 미리부터 자기 나라에 유리하도록 외교관계를
  수립하는 것.
- 嚮導(향도) : 그 고장 사람으로서 길을 안내하는 사람.

* 이 대목은 앞의 「쟁편(爭篇)」에 이미 보인 글이다. 곧 전쟁에 승
리하기 위하여는 미리 여러 나라들과 외교관계를 수립하여 국제적
인 여론이 자기편에 유리하도록 만들어야 하며, 또 여러 가지 지형을
이해하여 그것을 전쟁에 응용한다는 것이다.

30.

이러한 아홉 가지 일 중에서 한 가지라도 알지 못하는
게 있으면 폐왕(覇王)의 군대가 될 수 없다.

此三者, 一不如, 非覇王之兵也.

- 三者(삼자) : 앞의 세 가지 일. 보통 판본에는 사오(四五)로 되
  어있는데, 사오를 합치면 아홉, 곧 「구지(九地)」를 가리킨다
  고 한다. 그러나 삼자(三者) 쪽이 합리적인 듯하다.

• 覇王(패왕) : 세상을 제패하는 임금.

*「패왕(覇王)」이란, 세상을 무력으로 제패한 임금을 뜻한다. 옛날부터 중국 사람들은 정치를 하는 방법에 왕도(王道)와 패도(覇道)가 있다고 하였다(「荀子」 王覇篇 참조).

「왕도」란, 덕을 바탕으로 하여 온 세상을 평화롭게 만드는 이상정치이다. 「왕도」가 행하여지는 세상에는 전쟁이 없는 것은 말할 것도 없고 인위적인 강요(强要)나 형벌 같은 것도 있을 수 없다. 이러한 왕도정치는 성인(聖人)이 아니면 행할 수가 없는 일이다.

순자(荀子)는 왕도정치를 행할 수가 없으면 최소한 패도(覇道)를 이용하여, 사회의 질서를 유지하기라도 하여야 한다고 주장하였다. 맹자(孟子) 같은 이는 「패도」를 부정하고 있지만, 순자처럼 「패도」를 긍정하는 편이 현실적이라 할 것이다. 「덕」으로 세상을 다스리지 못하겠으면 적어도 권력과 법을 이용해서라도 세상을 다스려야 한다. 힘과 법을 쓰는 「패도」를 이용하여 세상을 다스리는 데 성공한 임금이 「패왕」인 것이다.

이미 전쟁을 한다는 그 자체로도, 아무리 승리를 거두어 세상에 커다란 이익을 가져다주었다 하더라도 「왕도」를 실천하는 「왕자(王者)」가 될 수는 없다. 병법을 실천한다는 것을 전제로 한다면, 아무리 공적이 훌륭한 사람이라도 「패자(覇者)」가 되는 게 고작이다. 「패자」를 약간 높힌 말이 「패왕」인 것이다.

손문(孫文)의 「삼민주의(三民主義)」에서는 왕도(王道)와 패도(覇道)를 더욱 현실적으로 다음과 같이 설명하고 있다. 곧 중국에서 이상 정치 방법으로 옛날부터 받들어 온 덕으로 다스리는 정치 방법이 「왕도」이고, 서양 사람들처럼 대포를 앞세우고 와서 남의 나라를 침략하여 다른 민족에게 압박을 가하는 게 「패도」라는 것이다. 하여튼 「병법」에서도 「싸우지도 않고서 적의 군대를 굴복시키는 게 가장 훌륭한 용병(用兵).」(攻篇)이라고 한 이상은 「왕도」로 통하는 것이지만, 이미 병법을 실제로 사용한다는 것은 「패도」의 범주를 벗어나지 못한다.

춘추시대(春秋時代)에는 제(齊)나라 환공(桓公), 진(晉)나라 문공(文公), 송(宋)나라 양공(襄公), 초(楚)나라 장왕(莊王), 진(秦)나라 목공(穆公)을 「오패(五覇)」라 불렀다. 이들은 무력으로 다른 나라들을 굴복시켜서 세상을 제패하였던 「패왕」들이다.

31.

폐왕(覇王)의 군대란, 큰 나라를 정벌한다 하더라도 곧 그 나라 군사들이 모여들 수 없게 된다. 적에게 위압을 가하면 곧 그들과 외교관계를 맺은 동맹국(同盟國)도 힘을 합쳐 돕지 못한다. 그러므로 세상에서 외교를 맺으려고 다투지 아니하며 세상의 권세(權勢)를 뺏으려 들지 않는다. 자기의 개인적인 능력을 믿고서 위압을 적에게 가하는 것이다. 그러므로 그들이 공격하는 성은 함락될 것이며, 그들이 공격하는 나라는 정복당할 것이다.

夫霸王之兵, 伐大國, 則其衆不得聚. 威加於敵, 則其交不得合. 是故不爭天下之交, 不奪天下之權. 信己之私, 威加於敵. 故其城可拔, 其國可隳.

- 其衆(기중) : 적의 군사들.
- 其交(기교) : 그들과 외교관계를 맺은 나라. 적의 동맹국.
- 不得合(부득합) : 힘을 합쳐 돕지 못하는 것.
- 天下之權(천하지권) : 국제적으로 유리한 권세(權勢). 외교상의 유리한 지위.
- 己之私(기지사) : 자기의 군사력. 자기네 개별적인 능력.
- 拔(발) : 뽑다. 함락시키다.
- 隳(타) : 떨어뜨리다. 멸망시키다. 정복하다. 墮(타)로도 쓴다.

* 온 세상을 제패할 패왕의 군대는 큰 나라를 공격하여도 그 나라 군사들이 이에 대항하기 위하여 모여들지 못하게 된다. 그리고 그들의 동맹국이 있다 하더라도 패왕의 군대의 위세에 눌리어 그들을 돕

지 못한다. 제1차 세계대전 때 이탈리아는 본시 독일, 오스트리아와 삼국동맹(三國同盟)을 맺고 있는 처지였다. 그러나 전쟁이 일어나자 미국, 영국, 프랑스 연합군의 위력에 눌리어 동맹국들에게 원군(援軍)을 보내지 않았을 뿐만 아니라 도리어 연합군 측에 가담했었다.

이처럼 제삼국들이란 모두 위세에 쉽사리 굴복당한다. 그러므로 패왕은 억지로 외국과 동맹을 맺으려고 애쓰거나 유리한 지위에서 국제사회를 움직이려고 조바심하지 않는다. 언제나 자기 실력을 길러 적에게 위압을 가하는 것이다. 그러면 이탈리아처럼 적의 동맹국들조차도 이편의 위세에 눌리어 적을 도와주지 못하는 것은 물론 이편에 가담하게 된다. 그러므로 패왕의 군대는 어떤 전쟁이건 간에 승리를 거둘 수 있는 것이다. 그들이 공격하는 성치고 함락되지 않는 게 없고, 그들과 싸우는 나라치고 멸망당하지 않는 나라가 없게 된다는 것이다.

32.

법에 없는 상을 베풀어주고 정령(政令)에 없는 명령을 내걸고서 삼군(三軍)의 군사들을 움직이기를, 마치 한사람을 부리듯 한다.

施無法之賞, 懸無政之令, 犯三軍之衆, 若使一入.

- 懸(현) : 내걸다.
- 無政之令(무정지령) : 보통 정령(政令)에는 있을 수 없는 특별한 명령.
- 犯(범) : 범하다, 움직이다.

* 군의 사기를 앙양시키기 위하여는 가끔 법에도 없는 후한 상을 내릴 필요가 있다. 그리고는 가끔 군사들에게는 보통 있을 수 없는 특별한 명령을 내리어 중대한 책임을 지워줌으로써 군에서의 자기의 위치를 확인케 한다. 그렇게만 하면 전군이 사기백배하여 지휘관의 명령에 복종할 것이다. 패왕은 이러한 방법으로 군대를 통솔하며 대군을 한 사람을 부리듯 지휘한다는 것이다.

33.

군사들은 일로써 움직여야지 말로써 고하여서는 안 된다. 이로움으로써 움직여야지 해로움을 고하여 주어서는 안 된다.

犯之以事, 勿告以言. 犯之以利, 勿告以害.

- 告以言(고이언) : 말로써 군사행동의 이유를 설명하는 것.
- 告以害(고이해) : 어떤 군사행동을 함에 있어서 자기편이 입

게 될 피해라든가 불리한 입장을 알려주는 것.

  * 군사들에게는 어떤 일을 하라고 명령을 내리기만 하면 되었지
그러한 명령을 내리는 이유까지 설명할 필요가 없다. 군사들은 오히
려 장수의 본뜻을 알지 못하고 움직이는 풀무와 같은 존재(老子의
비유)여야 한다. 그래야 통솔도 올바로 되고 군사 기밀을 지킬 수도
있을 것이다.

  그리고 군사행동을 함에 있어서는 군사들에게 유리한 조건이나
이점만 알려주면 되었지 불리한 조건이나 해로운 사항까지 알릴 필
요는 없다. 그것은 군의 사기에 관계가 클 뿐더러 군대 지휘에 지장
만을 초래할 것이기 때문이다.

34.

  군사들을 멸망할 처지(亡地)에 몰아넣으면 용감히 싸
워서 살아남게 된다. 군사들을 죽게 될 처지에(死地)에 빠
뜨리면 힘을 다해 싸워 살아난다. 군사들이란 해로운 처지
에 빠진 뒤에야 승부(勝負)를 결(決)할 만하게 되는 것이다.

  投之亡地, 然後存. 陷之死地, 然後生. 夫衆陷於
害, 然後能爲勝敗.

- 亡地(망지) : 멸망하게 된 처지. 뒤의 「사지(死地)」와 비슷한 곳이다.
- 陷(함) : 빠뜨리다. 떨어뜨리다.
- 爲勝敗(위승패) : 승부를 결하다. 사실은 승리를 거둠을 뜻한다.

* 전쟁을 하려면 군사들을 절실한 위기를 느끼도록 만들어야 한다. 앞의 적들을 쳐부수지 못하면 자기가 반대로 죽게 된다는 사실을 인식시켜야 한다. 아무리 용감한 사람이라 하더라도 위기의식이나 적개심 없이는 사납게 달려들지 않을 것이며, 용감하지 않은 사람이라 하더라도 조금만 방심하면 자기는 죽게 될 처지에 놓여있음을 인식하게 되면 맹렬히 싸울 것이다. 그래서 앞에서도 여러 번 지적했듯이, 장수는 군사들을 싸워 이기는 수밖에는 다른 도리가 없는 궁지로 몰아넣을 줄 알아야 한다는 것이다.

35.

그러므로 전쟁의 일을 지휘함에 있어서는 적의 뜻을 따르면서 자세히 파악하여 적과 함께 한 방향으로 움직이기만 하면 천리(千里) 저편의 적의 장수를 죽일 수가 있을 것이다. 이것을 교묘히 용병을 하여 일을 잘 성취

시킨다고 말하는 것이다.

故爲兵之事, 在順詳敵之意, 幷敵一向, 千里殺
將. 是謂巧能成事.

- 順詳(순상) : 적의 뜻을 「순종하는 체하면서 자세히 파악하
  는 것」.
- 幷敵一向(병적일향) : 적군과 함께 한 방향으로 행동하는 것.
- 千里殺將(천리살장) : 천리 저쪽의 적장을 죽인다. 이른바 「군
  막(軍幕) 안에서 계책을 세우고 천리 밖의 승패를 결한다」는
  말과도 통한다.

* 군사행동의 첫째 요건은, 적의 뜻을 따르는 체하면서 적의 뜻과
정세를 자세히 파악하여야 한다는 것이다. 적이 공격을 가해 오면 약
한 체하며 약간 후퇴를 해주기도 하고, 적이 우리 군사들을 끌어내
려고 애쓸 적에는 약간 끌려나가는 체해 보여야 한다. 그래야만 적
은 방심을 하게 되고, 그러는 사이에 적의 실정을 상세히 파악할 수
있게 된다.

이처럼 뚜렷한 목표 아래 한동안 적과 함께 같은 방향으로 움직
일 수 있는 군대란 틀림없이 교묘한 계책으로 천리 밖의 적장까지도
잡아 죽이고 승리를 거둘 수 있는 군대라는 것이다.

36.

그러므로 군사를 일으키는 날에는 국경의 관문(關門)들을 폐쇄하고 모든 부절(符節)을 파기(破棄)하며 적국의 사신들은 통과시켜주지 않는다. 묘당(廟堂) 위에서는 대신들을 독려하며 그들이 분담한 일들을 책임지운다.

是故政擧之日, 夷關折節, 無通其使, 屬於廊廟之上, 以誅其事.

- 政擧之日(정거지일) : 군사를 일으키는 날, 조정에서 전쟁을 결의한 날. 선전포고일(宣戰布告日).
- 夷關(이관) : 외국으로부터 우리나라로 들어오는 국경의 여러 관문(關門)들을 폐쇄하는 것.
- 折節(절절) : 관문을 통과하는 신분증인 부절(符節)을 모두 파기해 버리는 것.
- 厲(려) : 독려하다. 勵(려)와 통하는 글자.
- 廊廟之上(낭묘지상) : 낭묘는 나라의 정사를 의논하는 묘당(廟堂), 묘당에 모인 사람들이란, 임금 이하 대신들이다.
- 誅其事(주기사) : 대신들이 각기 맡은 일을 각자가 책임지고 잘 처리하도록 하는 것.

* 일단 어떤 나라건 선전포고를 하게 되면 국경의 출입을 폐쇄한

다. 그러지 않으면 적국으로부터 간첩이나 내분(內紛)을 획책하는 자들이 침입할 가능성이 많기 때문이다.

「낭묘(廊廟)」란, 본시 조상들을 제사지내는 사당(祠堂)이다. 그러나 제정일치(祭政一致) 시대의 유풍(遺風) 때문에 훨씬 후대에 이르기까지도 나라의 중요한 일은 이 「낭묘」에서 결정하였다.

「오자(吳子)」에서는,

「감히 그 개인의 계책은 믿을 수가 없으므로 조상의 묘당(廟堂)에 반드시 고하며 큰 거북으로 점을 쳐 보아 하늘의 때를 참작하여 길(吉)하여야만 거사(擧事)한다.」(圖國)

하였으니, 「낭묘」에서 국사를 논하는 것은 의식(儀式)적인 이유도 있었던 듯하다.

여하튼 이러한 이유 때문에 중앙의 작전 계획을 「묘의(廟議)」 또는 「묘계(廟計)」라 말한다. 「묘계」가 결정되면 여러 대신들에게 일을 나누어 맡기고 그 일에 대하여 책임을 지워놓아야 한다는 것이다. 이처럼 국경이 폐쇄되고 「묘계」가 결정되어야만 온 나라를 동원하여 적과 싸울 수 있게 되는 것이다.

37.

적국에서 관문을 열면 반드시 재빨리 사람들을 들여보낸다. 그리고 먼저 그들이 좋아하는 것을 탈취하고는 슬며시 그들에게 보여주며, 일정한 계획을 실천하면서 적을 따르는 체함으로써 전사(戰事)를 결정하는 것이다.

敵人開闔, 必亟入之. 先奪其所愛, 微與之期, 踐墨隨敵, 以決戰事.

- 開闔(개합) : 관문을 여는 것.
- 亟入之(극입지) : 재빨리 우리의 첩보원(諜報員)들을 적국으로 들여보낸다는 뜻.
- 微(미) : 약간, 슬며시, 넌지시.
- 與之期(여지기) : 적에게도 약간의 기회를 준다는 뜻.
- 踐墨(천묵) : 자기들은 목수의 먹줄처럼 일정하게 행동하는 것. 곧 일정한 계획을 실천하는 것.

＊전쟁을 하게 되면 자기네 국경은 엄격히 폐쇄하는 반면 틈만 있으면 우리 첩보원들을 적국으로 잠입시켜야 한다. 현대로 올수록 전쟁에 있어서의 첩보전(諜報戰)은 더욱 중요시 되고 있다. 평시부터의 첩보전의 승패는 바로 전쟁의 승패를 좌우할 지경에 이르고 있다 해도 과언이 아닐 것이다. 그처럼 세계대전을 통하여 여러 나라들은 첩보원의 활동의 중요성을 통감하게 된 것이다.

그리고 전쟁이 일어나면 먼저 상대방이 좋아하는 도시나 지방 같은 곳을 이 편에서 먼저 점령해야 한다. 앞에서도 「먼저 적이 좋아하는 것을 탈취하면 뜻대로 된다.」고 하였다. 그런 다음 일정한 작전 계획 아래 적에게도 가끔 허점을 보여주면서 전쟁을 해 나아가야 한다는 것이다. 너무나 이편의 허점이 보이지 않으면 그편에서는 공격을 단념하고 견고히 수비하기에만 힘쓸지도 모른다. 수비에 힘쓰는 적을 공격하면 우리 편의 희생이 너무 커지고 전쟁이 오랜 시일 계속되게 된다. 그러므로 가끔 적에게 허점을 보임으로써 적을 유인해 내어야 한다는 것이다.

38.

그러므로 처음에는 처녀처럼 얌전하다가 적군이 문을 연 후에는 튀어나오는 토끼처럼 재빨라짐으로써 적은 항거할 겨를조차 없게 된다.

是故始如處女, 敵人開戶, 後如脫兔, 敵不及拒.

- 如處女(여처녀) : 처녀처럼 수줍고 얌전하게 뵈는 것.
- 開戶(개호) : 문을 열고 방심한 채 방비를 소홀히 하는 것.
- 脫兔(탈토) : 튀어나오는 토끼처럼 재빠른 행동으로 적에게 공격을 가하는 것.
- 拒(거) : 항거하는 것.

＊ 자기 군대의 실정은 절대로 적에게 알려져서는 안 된다. 약한 군대는 강하게 보임으로써 적이 공격을 가해 오지 못하게 하고, 강한 군대는 약하게 보임으로써 적이 방심하고 아무렇게나 싸움을 걸어 오도록 만들어야 한다.

노자(老子)도,

「적을 가벼이 여기는 것보다 화(禍)가 더 큰 것은 없다.」고 하였다. 처녀처럼 힘 없이 얌전한 듯 보이면 적은 이편을 가벼이 여기고 방심을 한다. 적이 방심을 하고 함부로 행동할 때 갑자기 잽싸게 움직여서 공격을 가하면, 적은 항거조차 제대로 해 보지도 못하고 일격에 멸망당한다. 이처럼 적이 방심을 하도록 만든 다음 일격에 그들을 무찌르는 것이 용병의 묘(妙)이다. 눈깜짝할 사이에 승리를 거두지 못하고 오랜 싸움 끝에 적을 멸망시킨다면, 이편도 적지 않은 피해를 당할 것이므로 용병을 잘하는 것이라 말할 수 없다.

손자

제12권

12. 화편火篇

불은 옛날부터 전쟁에 유효한 무기로 사용되었다. 불은 수많은 재물과 시설을 태울 수 있고 사람들을 살상케 할 수 있으므로 무엇보다도 유효한 무기가 된다. 화약의 발명 이후 무기는 불을 더욱 적극적으로 이용하게 되었다. 소이탄(燒夷彈)이나 화염방사기(火焰放射器) 같은 무기의 발명은 말할 것도 없고 대포나 총은 물론 폭탄도 불을 뿜는 화약에 의하여 그 위력을 발휘하게 된다. 그리하여 무기의 힘을 화력(火力)이라고까지 부르게 되었다.

옛날에는 화약이 없었으므로 불로써 적을 공격하는 방법은 크게 제한을 받았었다. 불로 적을 공격하면 우선 날씨가 이에 알맞아야 하고, 또 유리한 지형이 확보되어야 한다. 따라서 화공(火攻)을 잘하기 위하여는 여러 가지 준비와 여건이 필요했고, 또 공격하는 방법을 잘 터득하고 있어야 했다. 효과 있는 화공(火攻)은 무엇보다도 위력이 센 공격력을 발휘한다. 이편에서는 불로 적을 공격하는 방법에 대하여 설명을 한다.

불 다음으로 위력을 발할 수 있는 것으로는 또 물이 있다. 옛날부터 인간 최대의 고통스런 처지를 「물과 불의 괴로움(水火之苦)」이라 한 것도 그 때문이다. 그래서 이편 중에서는 물에 의한 수공(水攻)에 대하여도 논급하고 있다.

1.

손자가 말하였다.

무릇 불에 의한 공격(火攻)에는 다섯 가지가 있다. 첫째는 적병들을 불태우는 것이요, 둘째는 적이 쌓아놓은 양곡과 말의 먹이를 불사르는 것이요, 셋째는 적의 장비와 무기 수레를 불사르는 것이요, 넷째는 적의 창고를 불사르는 것이요, 다섯째는 적의 대열(隊列)을 불로 공격하는 것이다.

孫子曰, 凡火攻有五. 一曰, 火人. 二曰, 火積. 三曰, 火輜. 四曰, 火庫. 五曰, 火隊.

• 火積(화적) : 쌓아놓은 양곡이나 말의 먹이 등을 불사르는 것.

- 輜(치) : 군대의 장비나 무기 같은 것을 수송하는 치중부대
  (輜重部隊).
- 庫(고) : 적의 성 안에 있는 여러 가지 창고들.
- 隊(대) : 적의 대열(隊列) 또는 진영(陣營).

* 중국의 역사를 보면, 불을 이용하여 적을 공격함으로써 승리를 거둔 예가 허다하다. 전국시대(戰國時代) 제(齊)나라는 연(燕)나라에 침략당하여 오직 거(莒)와 즉묵(卽墨)의 두 성만을 남기고 나머지 여러 성은 모두 빼았겼었다. 나라의 멸망을 눈앞에 두고 있는 위급한 지경이었던 것이다. 이때 즉 묵성을 지키던 장수 전단(田單)은 화우의 계책(火牛之計)을 생각해냈다. 곧 성 안에 있던 소 천 마리를 모아 두 뿔에 날카로운 칼을 붙들어 매고는 소꼬리에는 기름을 적신 갈대를 붙들어 맨 다음, 거기에 불을 붙여서 어두운 밤중에 성 밖으로 몰아냈다. 그리고 장사 5천 명이 뒤에서 이 소들을 몰았다. 소들은 미친 듯이 연나라 군중 속으로 달려 들어가며 닥치는 대로 사람들을 받았다. 연나라 군사들은 화우(火牛)에 받혀서 무수한 사상자(死傷者)를 내고 패하여 물러났다. 이것을 기회로 전단의 군사들은 연나라 군대를 국경 밖으로 몰아내고 연나라 군사들에게 점령당하였던 제나라의 70여 개의 성을 모두 되찾았다. 이 전단의 화우의 계책도 손자의 화공 중의 하나인 것이다.

삼국시대(三國時代)에 오(吳)나라 손권(孫權)의 장수인 주유(周瑜)

가 적벽(赤壁) 근처에서 촉(蜀)나라 유비(劉備)의 군사들을 추격하여 오(吳)나라로 침입하여 온 위(魏)나라 조조(曹操)의 대군을 불로 공격하여 무찔러버린 것도 유명하다. 조조의 군대들은 수십 척의 군함에 나누어 타고 장강(長江)을 의기양양하게 내려오고 있었다. 이때 주유는 적벽의 남쪽 기슭에 있다가 수십 척의 전함에 기름을 먹인 나무섶을 가득 실은 다음, 장막으로 그것을 가리고 항복하는 체하며 조조의 군함들에게로 다가갔다. 조조는 전승(戰勝)에 의기도도하여 자기 휘하의 장수들을 모아놓고 술잔을 돌리며 시를 읊고 있었다. 조조의 군함에 가까이 간 이들 오나라의 배는 방심하고 있는 적에게 갑자기 불을 내뿜으며 대들었다. 마침 거센 바람을 타고 불을 뿜는 수십 척의 배들은 조조의 군함들에게로 돌진하였다. 물길을 따라 내려오던 조조의 군함들은 꼼짝할 틈도 없이 불길에 휩싸여버렸다. 조조는 간신히 몸만 빠져나와 패잔병들만을 이끌고 고향으로 도망쳐 돌아갔다.

위나라 무제(武帝) 조조는 손자의 병법에도 정통한 문무(文武)를 겸한 지략(智略)이 뛰어난 장수였다. 이러한 조조도 잠간 동안의 방심으로 말미암아 젊은 애송이 같은 장수 주유에게 패배의 쓴 잔을 들지 않으면 안되었다. 전쟁에 있어서는 적을 가벼이 여기거나 방심을 하는 것이 가장 큰 화근(禍根)이 됨을 명심해야 할 것이다.

2.

화공을 행함에 있어서는 반드시 요인(要因)이 있어야
하며, 연기와 불을 내는 재료들은 반드시 평소부터 준비
되어 있어야 한다. 불을 일으킴에는 적절한 때가 있고,
불을 지르는 데에는 적절한 날이 있다. 적절한 때란 날
씨가 건조한 날이다. 적절한 날이란 달이 기성(箕星)·벽
성(壁星)·익성(翼星)·진성(軫星)의 사수(四宿) 안에 있는
날이다. 이 사수들은 바람이 일어날 날임을 뜻하는 것
이다.

行火必有因, 煙火必素具. 發火有時, 起火有日.
時者, 天之燥也. 日者, 月在箕壁翼軫也. 凡此四宿
者, 風起之日也.

- 因(인) : 화공을 행할 만한 「요인(要因)」, 또는 「연유(緣由)」.
- 煙火(연화) : 연기와 불을 내는 화공의 재료.
- 素具(소구) : 평소부터 미리 갖추고 있어야 한다는 뜻.
- 箕壁翼軫(기벽익진) : 28수(宿) 중의 사수(四宿). 달이 이 사수
  안에 머물러 있는 날에는 큰 바람이 있다 한다.

* 화공을 하려면 화공을 할 만한 여러 가지 요건들이 갖추어져 있

어야 한다. 우선 지형이 우리에게 유리하여야 하고 날씨나 바람도 좋아야 한다. 그리고 화공을 할 재료들은 언제나 갖추고 있어야 한다. 그리고는 좋은 기회를 틈타 날씨가 건조하고 바람이 우리 편에서 세차게 불 때 화공을 시작하는 것이다. 날씨가 나쁘다거나 바람의 방향이 나쁘기만 하여도 화공은 절대로 성공하지 못하는 것이다.

옛날 사람들은 달의 운행과 성좌(星座)의 위치 관계를 보고서 바람이 일 것을 예상하였던 것 같다. 기상학(氣象學)이 발달하기 전에는 농부나 어부들은 이런 것으로써 경험에 의하여 날씨나 바람을 점쳤으니 완전히 미신적인 것만은 아닐 것이다. 여하튼 화공을 준비할 적에는 정확히 바람의 방향과 강도를 예상하여야만 실수가 없을 것이다.

3.

화공을 함에 있어서는 반드시 다음 다섯 가지의 불에 따른 변화에 의거하여 대응하여야 한다.

불이 적진 안에 일어나면 곧 빨리 밖으로부터 이에 호응하여야 한다.

불이 붙었는데도 그 군사들이 조용히 있으면 공격하지 말고 대기(待機)하여야 한다.

그 화력이 극성(極盛)해진 다음에는 이에 따라 공격하는게 좋을 상황이면 공격을 가하고, 공격해서는 안될 상황이면 공격을 그만둔다.

불을 밖으로부터 붙일 수가 있다면 성 안에서 불이 일어나기를 기다리지 말고 제때에 불을 질러야만 하며, 그 변화에 따라 호응하여야 한다.

불을 바람 부는 위쪽에 질렀다면 바람을 받는 아래편에서 공격을 해서는 안 된다. 낮에 바람이 오래 불었다면 밤에는 바람이 멎을 것이다.

凡火攻, 必因五火之變而應之. 火發於内, 卽早應之於外. 火發而其兵靜者, 待而勿攻. 極其火力, 可從而從之, 不可從則止. 火可發於外, 無待於内, 以時發之, 因變應之. 火發上風, 無攻下風. 晝風久, 夜風止.

- 五火之變(오화지변) : 다음과 같은 다섯 가지 불에 따라 적군에 일어나는 변화.
- 極其火力(극기화력) : 적진에 붙은 불의 세력이 극성할 때.
- 從(종) : 불길이 치솟음을 좇아서 공격하는 것.
- 因變應之(인변응지) : 불로 말미암아 적진에 일어나는 변화

에 호응하여 적절히 취하는 것.

- 上風(상풍) : 바람이 불어오는 위편.
- 下風(하풍) : 바람을 받는 아래편.
- 風久(풍구) : 바람이 오랫동안 부는 것.

* 화공을 시작하면 공격하는 편에서 지른 불에 대하여 적군이 어떤 변화를 보이는가 자세히 관찰한 다음, 이에 대하여 적절한 호응을 하여야 한다.

첫째, 적진 안에 호응하는 자가 있어 불을 질렀으면 밖에서는 지체 없이 이에 호응하여 공격을 진행하여야만 한다. 그래야만 안팎으로 혼란한 틈을 타서 적을 격멸할 수 있을 것이다.

둘째로, 불을 질러도 적군이 조금도 동요되지 않고 조용히 있다면, 이편에서도 침착하게 적의 동정을 살피며 대기하여야 한다. 적이 동요되지 않는다는 것은, 어떤 목적이 있을 것이기 때문에 함부로 덤볐다가는 적의 계략에 걸리고 만다.

셋째로, 붙은 불의 화력이 극성했을 때에는 더 이상 기다리지 말고 어떤 판단을 내려야 한다. 화공에 있어서 불길이 극성할 때란, 화공의 효과가 가장 클 때이기 때문이다. 이때 정세를 판단하여 불길을 따라 공격을 하는 게 유리하다고 생각되면 공격을 하지만, 불타 오르는데도 불리하다고 생각되면 화공 자체를 포기하여야 할 것이다.

넷째로, 불을 밖으로부터 붙일 수 있을 적에는 내응자(內應者)가 적진 안에서 불을 일으켜 줄 것을 기다리지 말고, 제때에 불을 지른 다음 적의 동정에 따라 적절히 대처하여야 한다.

다섯째로, 불을 붙여 놓은 다음에 바람이 부는 반대편으로 돌아가 적을 공격해서는 안 된다. 그랬다가는 오히려 우리 편이 연기와 불길 때문에 곤경에 빠질 위험이 많기 때문이다. 다만 바람이란, 낮에 오랫동안 불었다고 해서 밤에도 그 방향의 바람이 불리라고 생각하는 것은 큰 잘못이다. 낮에 오랫동안 한쪽 방향에서 바람이 불었다면, 밤에는 바람이 그치거나 다른 방향에서 불게 되는 게 보통이다. 따라서 낮에 부는 바람의 방향을 기준으로 하여 밤의 화공을 준비하는 것 같은 일은 잘못이다.

4.

군사들은 반드시 이상과 같은 다섯 가지 불에 따른 변화를 알아차려 가지고서 술수(術數)로써 수비를 하여야만 할 것이다.

凡軍必知五火之變, 以數守之.

• 數(수) : 술수(術數). 술책(術策).

* 불로써 공격하는 편에서도 앞에 설명한 다섯 가지 불에 따른 변화를 알아가지고 행동하여야 하지만, 지키는 편에서도 그런 원리를 안 다음 수비를 하여야 한다. 곧 수비하는 편에서는 적과 내응하여 불을 일으키는 자들이 없도록 철저한 단속을 하는 한편, 설사 불이 일어났다 하더라도 질서를 혼란시켜시는 안 된다. 아무리 중요한 곳에 불이 붙었다 하더라도 지휘관의 명령에 따라 전군이 질서정연하게 움직일 수 있어야만 한다.

5.

그러므로 불로써 공격을 돕는 자는 명석(明晳)하여야 되고, 물로써 공격을 돕는 자는 강하여야 한다. 물은 적의 교통이나 연락을 끊을 수는 있지만, 적의 재물이나 생명을 빼앗을 수는 없다.

故以火佐攻者明, 以水佐攻者强. 水可以絕, 不可以奪.

- 佐攻(좌공) : 공격을 보좌하다.
- 明(명) : 화공은 여러 가지 요건을 모두 이용해야 하므로, 그것을 이용하는 장수는 머리가 명석하여야만 한다. 화공의

결과가 「분명하다」 또는 「명료하다」고 해석하기도 하나 잘 못인 듯하다.

- 强(강) : 물로 적을 공격하자면 강물을 막고 적에게로 물을 인도할 만한 많은 병력이 필요하다. 그러므로 강인한 군대가 아니면 수공(水攻)은 강행하지 못한다. 수공의 결과가 강인 심각(强靭深刻)하다고 풀이하는 이가 있으나 잘못일 것이다.
- 奪(탈) : 빼앗아 갖는 것, 곧 탈취(奪取)가 아니라 뺏어 없애 버리는 것을 뜻한다.

* 여기서는 불에 의한 화공과 물을 쓰는 수공을 비교하고 있다. 화공은 지형과 바람과 날씨와 기타 여러 가지 조건들을 알맞게 이용할 줄 아는 명석한 두뇌가 있어야만 한다. 그 반면 수공은 물길을 막고 그 물을 적의 진영까지 끌어들일 강한 힘과 강인한 인내심이 있어야 한다. 화공이나 수공은 잘 이용하기만 하면 적을 크게 쳐부수는 데 큰 도움이 되지만, 그것을 준비하는 데에는 화공은 세심한 주의가, 수공은 엄청난 노력을 필요로 한다.

물에 의한 공격은 일반적으로 적의 교통이나 부대 간의 연락을 끊을 정도로 일거에 적의 재물이나 인명을 파멸시킬 수는 없다고 하였다. 손자는 수공보다는 화공이 유리하다고 생각하고 있었던 것 같다. 그러나 수공도 잘 이용하기만 하면 화공 못지 않은 위력을 발휘한다. 예를 들면, 한(漢)나라 고조(高祖)의 명장(名將) 한신(韓信)은 불보다도 물을 잘 이용하여 많은 승리를 거두었었다.

6.

전쟁에 승리하거나 공격에 성공하고도 그 공로를 닦지 아니하는 자는 나쁜 결과가 올 것이며, 그것에 이름을 붙이어 「비류(費留)」라 부른다. 그러므로 명철한 임금은 그것을 잘 생각하고, 훌륭한 장수는 그것을 잘 닦는다.

夫戰勝攻取, 而不修其功者, 凶. 命曰費留. 故明主慮之, 良將修之.

- 攻取(공취) : 공격하여 적지나 적의 성을 탈취하는 것.
- 修其功(수기공) : 전쟁에서 세운 부하들의 공로를 따져 상을 주는 것.
- 凶(흉) : 흉하다. 결과가 나쁘게 된다. 길(吉)의 반대.
- 命(명) : 명명(命名). 이름을 붙이다.
- 費留(비류) : 「나라의 재물을 낭비하고 군사들의 시체를 전쟁터에 남겨두는 자」라는 뜻.
- 慮之(여지) : 전쟁을 승리로 이끌고 그 공로를 따져 부하들에게 상을 내리는 일을 잊지 않는 것.
- 修之(수지) : 앞의 「수기공(修其功)」과 같은 뜻임.

* 이 대목은 직접 화공과 관계 있는 얘기가 아니라 전쟁 전반에 걸친 원칙론이다. 훌륭한 임금이나 장수는 「비류(費留)」가 되어서는

안 된다. 「비류」란 전쟁에 승리한 것만을 알고 전쟁에서 애를 쓴 부하들 생각을 전혀 하지 않는 장수나 임금을 뜻한다. 전쟁에 승리하거나 적을 공격하여 적의 성을 점령한 뒤에도 부하들에게 아무런 논공행상(論功行賞)이 없으면 부하들은 다시는 용감히 싸우려 하지 않을 것이다. 그것은 임금이나 장수가 부하들의 신뢰를 잃는 것을 뜻한다. 일단 임금이나 장수가 부하들의 신뢰를 잃고 군사들이 싸울 의욕을 잃는다면, 한 번쯤 승리를 거두었다 하더라도 결국에 가서는 패멸하고 말 것이다. 그러므로 일단 싸워서 이기면 다시 그 뒤처리를 잘하여야만 한다는 것이다.

7.

이익이 없으면 움직이지 않으며, 소득이 없다면 용병하지 않으며, 위태롭지 않다면 싸우지 않는 법이다.

非利不動, 非得不用, 非危不戰.

* 이 말은 뜻을 확장시켜 보면 국가의 입장에도 적용시킬 수 있고, 뜻을 좁혀 보면 앞 대목에 이어 군사들을 움직이는 원칙을 설명한 것으로도 해석할 수 있다.

곧 국가에 뚜렷한 이익도 없는데 군대를 동원시키거나 분명한 소득도 없는데 용병을 해서는 안 된다. 그리고 나라가 위태롭지도 않은데 전쟁을 일으켜서는 안 된다.

「사마법(司馬法)」을 보면,

「나라가 비록 크다고 하더라도 전쟁을 좋아하면 반드시 망하며, 천하가 비록 안락하다 하더라도 전쟁을 잊어버리면 반드시 위태로울 것이다.」(仁本)

고 하였다. 전쟁을 잊어버려도 안되지만 그렇다고 전쟁을 좋아하여 쓸데 없이 남의 나라와 싸우기를 잘해도 틀림없이 망한다. 싸워서 승리를 거두기만 한다 하더라도 승리에 뒤따르는 희생과 국내외의 여론 같은 것은 무시할 수 없는 것이다.

「오자(吳子)」에서,

「다섯 번 승리한 나라는 화난(禍難)을 당하게 되고, 네 번 승리한 나라는 피폐(疲弊)하게 되고, 세 번 승리한 나라는 패자(霸者)가 되고, 두 번 승리한 나라는 왕자(王者)가 되고, 한 번 승리한 나라는 제왕(帝王)이 된다.」(圖國)

고 한 것은, 승패(勝敗)를 막론하고 전쟁의 비정한 파괴의 결과를 잘 설명해 주는 명언이다.

이 말의 범위를 축소시켜 보면 군사들의 행동 심리에도 적용될 수 있다. 군사들이란, 어떤 이익이 없다면 움직이려 들지 않고, 아무런 소득도 없다면 부림을 당하려 들지 않을 것이다. 그러니 지휘관은 승리를 거두거나 공격에 성공한 다음에는 반드시 부하들의 공로

를 평가하여 적절히 상을 내려야 한다. 그리고 군사들은 위급하지 않
으면 싸우려 들지 않는다. 그러니 지휘관은 부하들을 앞에서 말한
「중지(重地)」나 「사지(死地)」 같은 위기의식을 느낄 처지로 몰아넣을
줄 알아야 한다. 모든 군사들이 싸워 이겨야만 살 수 있다고 생각하
게 되면 필사적으로 싸우게 될 것이다. 전원이 필사적인 군대는 아무
도 당해낼 수 없을 것이다.

8.

임금은 노여움 때문에 군사를 일으켜서는 안되며, 장
수는 성이 난다고 하여 싸움을 걸어서는 안 된다. 이익
에 합치되면 움직이고, 이익에 합치되지 않으면 그만둔
다. 노여움은 기쁨으로 회복될 수가 있고, 성냄은 기꺼
움으로 회복될 수가 있는 것이지만, 망한 나라는 다시
존속(存續)케 할 수가 없고, 죽은 사람은 다시 살아나게
할 수가 없는 것이다.

主不可以怒而興師, 將不可以慍而致戰. 合於利
而動, 不合於利而止. 怒可以復喜, 慍可以復悅, 亡
國不可以復存, 死者不可以復生.

- 慍(온) : 성냄.
- 復喜(복희) : 기쁨으로 되돌아감.
- 悅(열) : 기꺼워함.

* 임금은 자기 개인의 노여움 때문에 전쟁을 일으켜서는 안되며, 장수는 자기 개인의 성난 감정을 주체 못하여 함부로 적과 싸워서는 안 된다. 임금이나 장수가 개인 감정 때문에 싸움을 일으키고 보면, 개인 감정에 의하여 결국은 무모한 싸움을 하게 된다. 무모한 싸움을 한다는 것은 패멸을 뜻할 따름이다. 반드시 전쟁은 국가와 민족 전체의 이해 관계를 따져 일으켜야 한다. 그래야만 군사를 동원할 대의명분도 선다.

개인 감정에 의하여 무모한 전쟁을 일으키고 보면, 수많은 군사들을 희생시키고 나라를 망친다. 분노(憤怒)는 증오(憎惡)의 한 표현이며, 그것은 두려움을 배경으로 하고 있다는 게 심리학자들의 해석이다. 일단 나라가 망하고 사람이 죽으면 끝장이다. 나라와 개인의 운명을 좌우하는 전쟁은 절대로 개인 감정에 의하여 시작되어서는 안 된다. 처음부터 끝까지 냉정한 판단과 계획 아래 전쟁은 다루어지지 않으면 안 된다.

그러므로 명철한 임금은 전쟁을 삼가고, 훌륭한 장수는 전쟁을 경계하였다. 이것이 나라를 편안히 하고 군대를 온전히 하는 도리인 것이다.

故明主愼之, 良將警之, 此安國全軍之道也.

- 警(경) : 경계(警戒)하다. 조심하다.
- 全軍(전군) : 군대를 완전히 보전하는 것.

* 명철한 임금이나 훌륭한 장수는 되도록이면 전쟁을 삼간다. 「오자(吳子)」에서도 다음과 같은 말이 보인다.

「국가를 편안하게 하는 길에 있어서는 먼저 경계하는 일이 보배가 된다. 지금 임금이 이미 경계를 하고 있다면 화난은 멀리 사라질 것이다.」(料敵)

고 하였다. 「전쟁을 좋아하는 나라는 반드시 망한다.」 그러므로 임금과 장수는 언제나 전쟁을 삼가며 이에 대한 경계를 게을리 말아야 한다. 그래야만 국가가 안락하고 군대도 완전한 형태로 보전될 수 있다는 것이다.

손자뿐만 아니라 오자(吳子) 위료자(尉繚子) 및 「육도(六韜)」, 「삼략(三略)」 같은 중국의 병법을 보면, 모두 도덕 관념이 그 바탕을 이루고 있다. 전쟁과 도덕은 본시 모순이 되는 것이지만, 이 세상에서는 전쟁이 사라지지 않기 때문에 어떻든 이 모순되는 두 가지를 합치시켜 보려고 노력하였던 것 같다.

「사마법(司馬法)」 같은 데에서는 전쟁 윤리로서 인의(仁義)를 내세우고 있다. 그러나 일단 전쟁이 일어난 이상, 또는 전쟁을 하는 이상 그 자체가 이미 인의(仁義)와는 반대가 되는 성격의 것이므로, 전쟁에 인의 입각한 윤리를 가지고 설교한다는 것은 무의미한 일이라 생각된다.

손자는 전쟁이란 부득이할 때에만 하는 것이라는 전제를 크게 내세운다. 전쟁을 할 만한 여건이 있다 하더라도, 이것을 실제로 무기를 들고 싸우지 않고 해결하는 것이 전쟁을 가장 잘하는 것이라 말하고 있다. 손자는 병법을 논하면서도 그 병법이 세계와 인류를 위하여 공헌해야 한다는 철학적인 대전제가 있었다. 그래서 될수록이면 직접 전쟁은 하지 말아야 하며, 혹 부득이 하여 전쟁을 하게 되면 가장 빠른 시간 안에, 가장 간단한 방법으로 되도록이면 속히 전쟁을 승리로 끝맺어야 한다는 것이다. 여기에 임금이나 장수의 노여움이나 성냄 같은 개인 감정은 끼어들 여지조차도 없는 것이다. 손자는 병법을 논하기는 하였지만 절대로 전쟁의 예찬자이거나 전쟁을 긍정하는 자가 아니었다. 손자는 전쟁의 비정(非情)함이나 그 파괴력을 누구보다도 잘 인식하고 있었던 묵자(墨子) 못지 않은 비전론자(非戰論者)라고 할 수 있겠다. 묵자는 이 세상에 전쟁을 권장하기 위하여 이러한 병법을 쓴 것이 아니라, 전쟁을 이 세상으로부터 추방하기 위하여 병법을 논했던 것이다. 그러기에 임금은 전쟁을 삼가고 장수는 전쟁을 경계하는 것이 국가를 편안케 하고 군대를 온전케 하는 길이라고 역설하는 것이다.

손자

제13권

13. 간편 間篇

　「간」이란 간첩 또는 첩보원을 가리킨다. 보통 판본에선 이 편 명이 「용간(用間)」으로 되어 있으니, 「간첩의 사용 방법」이라 풀이해도 좋을 것이다. 한편 서개(徐鍇) 같은 학자는 「간」을 「틈」의 뜻으로 파악하여 「적의 틈을 엿보는 것」이라 풀이하고 있다. 아마 「적의 틈을 엿보거나」, 「적의 틈을 탄다」는 것이 더욱 근원(根源) 적인 해석이 되기는 할 것이다. 그러나 그것은 바로 첩보활동(諜報活動)을 뜻하는 것이기 때문에, 이 편은 「간첩의 이용 방법」을 설명한 것으로 보는게 이해하기 좋을 것이다.

　적의 실정을 파악하기 위하여는 간첩을 사용하지 않으면 안된다. 적의 실정을 모르고 전략을 세울 수는 없는 것이므로 전쟁에 있어서 간첩이란 필수 불가결의 것이다. 간첩은 적의 동태나 실정을 파악하여 줄 뿐만 아니라, 적의 후방을 교란시키거나 군대와 백성들을 이간(離間)시키는 역할까지 한다. 그러므로 간첩 또는 첩보원을 유효하게 사용한다는 것은 전쟁을 가장 유효한 방법으로 수행하는 것이 된다. 그러므로 실전에 있어서 간첩의 사용 방법은 무엇보다도 중요하다. 현대로 오면서 첩보 활동의 중요성은 더욱 인식되어 현대엔 평화시에도 조금도 쉬지 않고 첩보 활동이 계속되고 있다. 첩보 전쟁에서 뒤떨어진다는 것은, 곧 국력의 약화와 전쟁의 패배를 뜻할 정도로 발전한 것이다.
제2차 세계대전 때에는 「오열(五列)」이란 말까지 생겨났다. 현대
에 와서는 표면상으로 나타나는 무기에 의한 전쟁보다도 이들
오열이나 간첩들에 의한 첩보전쟁이 날로 더욱 치열해지고 있
는 것이다.

1.

손자가 말하였다.

10만의 군사를 일으키어 천 리 길을 원정(遠征)하자면 백성들이 대는 비용과 정부의 군사비는 하루 천금(千金)을 소비하게 된다. 그리고도 나라 안팎이 소동을 일으키게 되고 길거리에서 우물거리며 생업(生業)에 종사하지 못하게 되는 자는 70만 호(戶)에 이르게 된다.

孫子曰, 凡興師十萬, 出征千里, 百姓之費, 公家之奉, 日費千金. 內外騷動, 怠於道路, 不得操事者, 七十萬家.

- 百姓之費(백성지비) : 백성들이 지출하는 비용.
- 公家之奉(공가지봉) : 정부에서 지출하는 군사비. 옛날의 정

부란 제후(諸侯)의 집안이나 같았으므로 공가(公家)라 부른 것이다.

- 怠於道路(태어도로) : 군용 물자의 수송에 지쳐서 길에서 왔다 갔다 하는 것.
- 操事(조사) : 자기의 생업(生業)에 종사하는 것.
- 七十萬家(칠십만가) : 옛날 정전법(井田法)이 실행되던 때에는 여덟 집이 땅을 아홉으로 등분하여 한 부분씩 경작하는 한편, 한 부분의 공전(公田)은 공동으로 경작하였었다. 그러다가 그중 한 사람이 징집(徵集)되면 인보부조법(隣保扶助法)에 의하여 나머지 일곱 집안에서 징집당한 사람 집안의 일을 공동으로 도와준다. 그러므로 한 사람이 징집에 동원되면 일곱 집안이 덩달아 일이 많아져, 십만 군사를 동원하면 70만 호의 가구(家口)가 제대로 생업에 종사하지 못하게 되는 것이다.

* 여기에서는 먼저 전쟁이 얼마나 지독한 낭비이며 파괴인가를 설명하고 있다. 옛날에는 십만 대군을 동원하면 하루 천금(千金)의 군사비를 썼지만, 지금은 수만금(數萬金)의 군사비를 쓸 것이다. 보다 많은 군사비를 지출할 능력이 있는 편이 현대 전쟁에는 월등 유리하여, 지금은 경제력과 군사력은 거의 균등한 것으로 이해되고 있다. 그 밖에도 전쟁을 준비하기 위하여 평소부터 준비에 투자된 비용까지 합치면 그 숫자는 어마어마하게 불어날 것이다. 현대에 이르러는 그러한 경향이 더욱 현저해져서 전쟁이 없는 때의 군비(軍備)도 1

년 정부 예산의 3·40 퍼센트에 이르는 나라가 있게 되었다. 세계의 평화와 인류의 복지(福祉)를 위하여는 이러한 막대한 낭비를 가져오는 전쟁은 없어져야 할 것이다.

그리고 부득이 전쟁을 하게 되면, 전쟁 비용을 감축시키는 방법을 강구하지 않으면 안될 것이다. 그러면 전쟁의 막대한 비용과 노력을 덜어주는 가장 효과적인 방법은 무엇일까? 이편 첫머리에 이처럼 전쟁에 소요되는 막대한 경비와 노력을 얘기하고 있는 것은 「간첩의 사용」인 첩보활동이 그러한 비용과 노력을 크게 격감시켜 줄 수 있기 때문인 것이다.

2.

서로 버티기를 몇 년 동안 한 끝에 하루의 승리를 다투는 마당에 얼마간의 벼슬과 봉록(俸祿)과 백금(百金)을 아끼어 적의 정세를 알지 못한다면, 지극히 어질지 못한 짓인 것이다. 그런 사람은 사람들의 장수가 못될 사람이며, 임금의 보필자(輔弼者)가 못될 사람이며, 승리를 거둘 주인이 못되는 것이다.

相守數年, 以爭一日之勝, 而愛爵祿百金, 不知敵

之情者, 不仁之至也. 非人之將也, 非主之佐也, 非
勝之主也.

- 相守(상수) : 서로 싸우며 버티는 것.
- 愛爵祿百金(애작록백금) : 간첩에게 줄 벼슬(爵)과 녹(祿)과 백금(百金)의 비용을 아끼어 첩보 활동을 하지 않는 것.
- 佐(좌) : 보좌자(輔佐者). 보필자(輔弼者).

＊전쟁이란, 앞에서 말한 것 같은 하루 천금(千金)의 비용과 국민 70만 가구(家口)의 동원을 유지하면서 수년 동안 서로 버틴 끝에 결판이 나는 것이다. 여기에는 막대한 인명의 희생도 곁들여진다. 이런 큰 비용과 노력을 소비하는 전쟁에 있어서 얼마간의 벼슬과 약간의 비용만 쓰면 동원시킬 수 있는 간첩을 사용할 줄 모르는 자는 훌륭한 장수라 할 수 없으며, 절대로 승리를 거두지 못할 것이다. 간첩의 사용이란 약간의 비용을 씀으로서 막대한 경비와 노력을 줄여줄 수 있는 것이다. 간첩들이 적의 정세를 정확히 파악하면 가장 유효한 군사행동을 함으로써 큰 비용과 노력이 절약될 것이다.

또 그들이 적의 내부를 교란시켜 놓으면 수십 만 대군이 싸워서 거두는 전과보다는 더 큰 효과를 우리에게 안겨줄 수 있는 것이다. 그러므로 나라의 임금이나 장수는 간첩을 사용하는 데 드는 얼마간의 비용이나 대우를 조금도 아끼지 말아야 한다는 것이다.

3.

그러므로 명철(明哲)한 임금과 현명한 장수가 군대를 동원하면 적을 쳐서 이기고, 보통 사람들보다 이루는 공로가 뛰어난 까닭은 모든 실정을 먼저 알기 때문이다.

故明君賢將, 所以動而勝人, 成功出於衆者, 先知也.

- 動而勝人(동이승인) : 군대를 동원하기만 하면 싸워서 승리를 거두는 것.
- 出於衆(출어중) : 출중(出衆)한 것. 남들보다 뛰어난 것.
- 先知(선지) : 적의 모든 실정을 먼저 아는 것.

* 명철한 임금이나 현명한 장수들이 전쟁에 뛰어난 공로를 세우며 승리를 거두는 가장 큰 요인은, 적에 관한 정보가 자세하고 정확하기 때문이다. 적의 정세를 제대로 알아야만 유효한 작전 계획을 세울 수 있고, 적을 현혹시킬 수 있는 것이다. 적의 의도나 실력을 확실히 파악하고 나면, 적을 모르고 싸우는 것보다 몇십 배의 비용과 노력을 절감시킬 수 있을 것이다.

강대국일수록 첩보기관(諜報機關)을 발달시키어 평상시에도 맹렬한 첩보활동을 하고 있는 것은 이 때문이다. 뛰어난 첩보활동은 전쟁을 적은 비용과 노력을 들여 승리로 이끌 수 있을 뿐만 아니라 미리 전쟁을 방지하기도 한다. 언제나 적의 의도와 실력을 정확히 파악하여 선수(先手)를 치면, 적은 감히 전쟁을 하려 들지도 못할 것이다. 그러므로 적의 정세는 적에 앞서 우리가 먼저 파악해야만 한다.

4.

실정을 먼저 안다는 것은, 귀신에게 물어서 될 수 있는 것도 아니며, 일의 경험을 통하여 추리될 수 있는 것도 아니며, 법칙에 따라 헤아릴 수 있는 것도 아니며, 반드시 사람을 통하여 들음으로써 적의 실정은 알게 되는 것이다.

先知者, 不可取於鬼神, 不可象於事, 不可驗於度, 必取於人, 而知敵之情者也.

- 取於鬼神(취어귀신) : 귀신에게 물어보아 실정을 아는 것.
- 象於事(상어사) : 일의 경험을 통하여, 그 모양(象)을 추리해 내는 것.
- 驗於度(험어도) : 일정한 법칙(度)에 비추어보아 헤아리어 알아내는 것. 度를 천체도(天體度)의 눈금으로 보아 성수(星宿)나 천문(天文)으로 해석하기도 한다.

* 명철한 임금이나 현명한 장수들은 적의 실정을 먼저 파악하여 적절히 대처함으로써 언제나 뛰어난 승리를 거두었다. 그런데 적의 실정을 먼저 아는 방법은, 달리 특별한 법칙이나 경험이 있는 게 아니며, 혹은 점을 쳐서 아는 것도 아니다. 모두가 간첩을 사용하여 간첩이 조사 보고한 정보를 통하여 아는 것이다. 그러므로 간첩을 사용한다는 것은 바로 전쟁을 가장 유효하게 승리로 끝맺는 첫 출발이 된다. 자기가 직접 간첩을 사용하지 않고, 남이 제공하는 정보나 믿고 군대를 움직이다가는 적의 계략에 넘어가기 쉬울 것이다.

그러므로 유능한 장수는 언제나 간첩을 훈련시키어 적진에 파견함으로써 정확한 적의 실정을 파악한다. 적의 실정을 정확히 파악하고 있기만 하면, 이내 전쟁은 이 편 뜻대로 되어 가도록 되어 있는 거나 마찬가지인 것이다.

5.

그러므로 사용되는 간첩에는 다섯 가지가 있다. 향간(鄕間)이 있고, 내간(內間)이 있고, 반간(反間)이 있고, 사간(死間)이 있고, 생간(生間)이 있다. 이 다섯 가지 간첩을 한꺼번에 사용하는데, 그 방법은 남이 알지 못하는 것이어서 신령(神靈)스런 기강(紀綱)이라 말하며 임금의 보배가 되는 것이다.

故用間有五. 有鄕間, 有内間, 有反間, 有死間, 有
生間. 五間俱起, 莫知其道, 是謂神紀, 人君之寶也.

- 五(오) : 다섯 가지. 이 다섯 가지에 대한 설명은 뒤에 나온
  다.
- 俱起(구기) : 한꺼번에 일어나 활동하게 하는 것. 한꺼번에
  사용하는 것.
- 道(도) : 방법, 도리, 이치.
- 神紀(신기) : 신령스러운 기강(紀綱). 신묘한 알 수 없는 법칙.

* 손자는 간첩의 종류를 다섯 가지로 나누고 있다. 그 다섯 가지 간첩에 대한 설명은, 이 뒤에 나옴으로 설명은 뒤로 미룬다.

현명한 임금은 이 다섯 가지 간첩을 모두 사용하여 적의 실정을 샅샅이 파악하였다. 외부의 사람이 보기에는 적의 실정을 어떻게 알아내는지 전혀 짐작도 못할 만큼 간첩의 사용은 교묘하다. 그래서 손자는 귀신 같은 수법이란 뜻으로, 「신령스런 기강(紀綱)」이라고 간첩의 사용을 표현한 것이다.

간첩은 정부기관이나 군영(軍營) 안 같은 중요한 모든 곳에 파고들어 적국의 실정과 적의 고위층의 움직임을 낱낱이 파악하여 보고해 준다. 이편에서는 이러한 간첩들의 활약 덕분에 적의 속을 환하게

들여다보면서 전략을 짜게 된다. 이렇게 되면 전쟁은 이미 승리한 거나 마찬가지이다. 그래서 이러한 간첩의 사용을 두고 「임금의 보배」라 말한 것이다.

6.

향간(鄕間)이란 것은, 적의 고을 사람들을 꾀어내어 사용하는 것이다. 내간(內間)이란 것은, 적의 관리나 군사들을 꾀어내어 사용하는 것이다. 반간(反間)이란 것은, 적의 간첩을 잡아 꾀어내어 사용하는 것이다. 사간(死間)이란 것은, 적에게 맡기는 것이다. 생간(生間)이란, 되돌아와 보고하는 것이다.

鄕間者, 因其鄕人, 而用之也. 內間者, 因其官人, 而用之也. 反間者, 因其敵間, 而用之也. 死間者, 委敵也. 生間者, 反報也.

- 鄕人(향인) : 적국의 민간인.
- 官人(관인) : 적국의 관리나 기관에서 일하는 사람.
- 委敵(위적) : 이편 사람에게 이쪽의 정보를 거짓으로 알려준 다음 슬쩍 적에게 넘겨주어 적으로 하여금 그릇된 정보를

얻어 잘못된 군사행동을 함으로써 이편의 계책에 걸려들도록 하는 것. 좇는 말기다, 버리다의 뜻. 보통 판본에는 이 「사간」에 대한 설명을 「밖에서 그릇된 일을 알게 한 다음 우리 간첩을 적이 적발케 함으로써 적의 간첩에게 그릇된 정보를 전하여 주는 것이다.(爲誑事於外, 令吾間知之, 而傳於敵間者也.)」란 긴 설명을 하고 있으나 뒤에 다시 비슷한 말이 보이며, 「생간」을 「반보야(反報也)」라고 간단히 설명한 것과 균형이 맞지 않으니 잘못일 듯하다.

• 反報(반보) : 적지로 들어가 적의 실정을 파악한 다음, 다시 「살아 돌아와 적의 실정을 보고하는 것」.

* 이곳의 「향간」과 「내간」은 적국의 백성이나 관리들을 포섭하여 첩보활동을 시키는 것이고, 「반간」이란 그편의 간첩을 잡아 이른바 이중간첩(二重間諜)으로서 이쪽에 유리하게 활약하도록 만드는 것이다. 이편에서 훈련된 첩자(諜者)에는 「사간」과 「생간」이 있다.

「사간」이란, 일부러 이곳의 정보를 조작하여 그에게 알려준 다음 적국으로 들어가 체포당하도록 만든다. 적국에 체포된 「사간」은 처음에는 입을 열지 않겠지만, 혹독한 고문을 가하면 결국은 입을 열어 조작된 거짓 정보를 적에게 제공한다. 적이 이것을 사실로 믿고 함부로 행동하였다가는 이편의 계략에 걸리어 크게 패멸하는 결과를 가져올 것이다. 맨 끝의 「생간」이 보통 우리가 생각하고 있는 간첩으로써 적지에 숨어들어 적의 정세를 파악한 다음 돌아와 보고하는 것이다. 이러한 손자의 이론의 영향 때문인지는 몰라도 중국에서는 옛날 부터 간첩이 전쟁에 사용되었었다. 한(漢)나라 고조(高祖)가 초(楚) 나라 항우(項羽)와 천하를 두고 싸울 때의 일이다. 항우에게는 아부 (亞父)라고 존경을 받는 현명한 신하 범증(范增)이 있었다. 범증은 지 략에 뛰어난 사람으로서 힘센 항우를 돕고 있었으니, 그의 존재는 한 나라 고조에겐 눈의 가시와 같았다. 이에 고조는 진평(陳平)의 계책 을 써서 황금 4만 근(斤)으로 초나라 군사들의 일부를 매수(買收)한 다음, 그들로 하여금 범증이 고조와 내통(內通)하고 있다는 소문을 퍼뜨리게 하였다. 그 결과 항우는 범증을 약간 의심하여, 평화의 사 자(使者)라는 명목으로 가장한 간첩을 고조 진영으로 보내어 실정을 염탐해 오도록 하였다. 고조와 진평은 그가 항우의 간첩임을 알아차 렸으나 그런 기색은 조금도 내보이지 않고 성대한 잔칫상을 준비하 게 하였다. 고조는 기분 좋은 모습으로 나타나 그 사자를 만나려 하 다가, 그가 항우가 보낸 사자라는 말을 듣고는 즉시 얼굴빛을 변해 가지고 쌀쌀해지면서 자기는 범증의 사자인 줄로만 알았다고 말한 다. 그리고는 이미 준비한 성대한 잔칫상을 물리게 한 다음, 간단한 식사를 내어 그 사자를 대접하였다. 이 간첩인 사자는 항우에게로 돌 아가 이러한 사실들을 낱낱이 보고하였다. 그러자 항우는 고조의 술 책대로 범증을 깊히 의심하기 시작하였다. 그러자 범증은 의심하는 항우의 눈초리에 견디지 못하고 벼슬을 내던진 뒤 고향으로 돌아가 다가 울화가 치밀었기 때문에 등창이 터져 도중에서 죽어버렸다 한다. 고조는 간첩을 이용하여 이처럼 적국의 유능한 신하를 제거한 뒤 전쟁을 유리한 국면으로 이끌어 마침내는 천하를 통일하고 말았던 것이다. 이상은 「한서(漢書)」에 나오는 내용이다.

그 밖에도 전쟁에 활동한 간첩의 얘기는 이루 헤아릴 수 없을 만큼 많다. 그리고 현대로 오면서 간첩의 활동은 나날이 더욱 활발해지고 있다. 지금은 평화시라 하더라도 여러 나라들은 군사면에 있어서뿐만 아니라 정치, 경제, 문화 전반에 걸친 간첩활동은 쉬지 않고 있다. 더욱이 근대에 와서 부쩍 늘어난 북괴의 간첩활동은 우리 국민들에게 경종을 울리고 있다. 손자의 방법은 침략자나 전쟁 도발자들에게도 이용되고 있는 것이다.

7.

그러므로 삼군(三軍)의 일을 처리함에 있어서 장수는 간첩과 가장 친하게 사귀어야 하며, 간첩에게 가장 후하게 상을 주어야 하며, 간첩과 가장 기밀(機密)을 유지하며 일을 하여야 한다.

故三軍之事, 交莫親於間, 賞莫厚於間, 事莫密於間.

- 交(교) : 사귐. 보통 판본엔 빠져있으나 뒤 구절의 「상(賞)」, 「사(事)」와 대가 되므로 들어 있는 「고본」이 옳을 것이다.
- 莫親(막친) : 더 친한 이는 없다. 가장 친하다.
- 密(밀) : 기밀 또는 기밀을 지키는 것.

* 앞에서 얘기한 한나라 고조(高祖)가 항우(項羽)와 범증(范增)의 사이를 이간시킬 때, 고조는 진평(陳平)에게 황금 4만 근을 내준 다음, 그것을 어떻게 썼는지 묻지도 않았다 한다. 진평은 그 금으로 초나라 군사들을 매수하는 데 성공하였던 것이다. 이 4만 근의 금은 큰 금액이기는 하지만 뒤에는 그 대가로 고조에게 온 천하가 안겨졌었다. 이것을 보더라도 간첩에게는 특별히 후한 대우를 하여야만 한다.

간첩은 또 간첩을 부리는 사람과 친하지 않으면 안 된다. 전국시대(戰國時代) 하남성(河南省) 양적(陽翟)의 부호인 여불위(呂不韋)는 조(趙)나라에 인질로 와 있었던 진(秦)나라의 공자(公子) 자초(子楚)를 진나라의 황태손(皇太孫)으로 만든 다음, 여불위는 자기의 아이를 이미 배고 있는 한단(邯鄲)의 미녀를 자초와 결혼시켰다. 얼마 안 있다가 이 미녀는 진나라의 황태손 부인으로서 뒤에 진시황(秦始皇)이 된 사내아이를 낳았다. 이 아이는 사실은 여불위의 아들이었다. 이 한단의 미녀는 여불위의 개인적인 간첩으로서 진나라 왕실 깊숙히 파고 든 거나 마찬가지였다. 진나라 임금의 총희(寵姬)이지만, 이미 여불위에게는 꼼짝달싹도 할 수 없이 잡힌 몸이라 여불위로서는 이보다 더 큰 강점(强點)이 아닐 수가 없었다. 뒤에 자초가 진나라의 왕위를 이어받아 장양왕(莊襄王)이 되자, 여불위는 이 미녀에 힘 입어 진나라 승상(丞相)이 되고 문신후(文信侯)로 봉해져 하남(河南)의 낙양(洛陽) 땅에 10만 호의 식록(食祿)을 얻었었다.

이것은 개인적인 간첩이기는 하지만 여불위가 성공한 것은, 그 간첩과의 인연이 끊을래야 끊을 수 없을 만큼 친밀한 사이였기 때문이다. 나라의 간첩도 대우만 잘해줄 게 아니라 간첩을 부리는 임금이나 장수는 여러 가지 방법으로 자기와 인간적인 친밀한 인연을 유지하도록 노력하여야 할 것이다. 그러지 않고 형식적인 훈련만 거쳐 적국으로 파견한 간첩은 자칫하면 이중간첩이 되어 오히려 적을 위하여 일하게 될 가능성조차도 많은 것이다.

8.

뛰어난 지혜 있는 사람이 아니면 간첩을 사용하지 못한다. 어질고 의로운 사람이 아니면 간첩을 부리지 못한다. 미묘한 통찰력(洞察力)이 있는 사람이 아니면 간첩의 실적(實積)을 얻어 이용하지 못한다. 미묘하고도 미묘한 것이니, 간첩이 사용되지 않는 곳이 없는 것이다.

非聖智, 不能用間. 非仁義, 不能使間. 非微妙, 不能得間之實. 微哉微哉, 無所不用間也.

- 聖智(성지) : 성인(聖人)처럼 모든 일에 적응할 수 있는 「뛰어난 지혜」를 지닌 사람.
- 仁義(인의) : 어짊과 의로움. 어짊으로써 따르게 하고, 의로움으로써 가르쳐야 하는 것이다.
- 微妙(미묘) : 미묘한 빌미를 이해하는 사람. 뛰어난 통찰력을 지닌 사람.
- 得間之實(득간지실) : 간첩이 조사해 온 적의 정세에 관한 실적 보고를 실전에 응용하는 것.

* 간첩의 사용은 남보다 뛰어난 지혜가 있는 사람이어야 한다.

옛날 진시황(秦始皇)은 한(韓)나라 한비자(韓非子)의 오두편(五蠹篇)을 읽고 이 사람과 만나 교유(交遊)할 수만 있다면 죽어도 한이 없겠다고 한탄했다 한다. 이럴 때 한비자가 한나라 사신으로서 진나라에 오자, 진시황은 그를 붙들어 두고 등용하려고 마음먹었다. 이때의 진나라의 승상 이사(李斯)는 본시 한비자와 함께 법가사상(法家思想)을 공부한 친구였다. 그는 지혜나 학식이 한비자만 못하다는 것을 스스로 알고 있었으므로 진시황이 한비자를 등용하면 자기의 위치가 위태로워진다고 느끼고 있었다. 그래서 이사는 한비자는 한나라의 간첩이라고 임금에게 옛 친구를 모함하였다. 진시황은 이사의 속임수에 넘어가 한비자를 옥에 가둔 다음, 관리들로 하여금 사실을 조사하게 하였다. 오랜 조사 끝에 사실무근하다는 것이 밝혀지면 큰 일이라 생각한 이사는 다시 간계(奸計)를 자아내었다. 이사는 곧 심복의 관리를 개인 간첩으로서 한비자가 있는 감옥으로 파견하였다. 그리고는 옛 친구인 이사는 당신을 위하여 힘을 다해 변호하고 있지만 결국은 당신을 미워하는 사람들이 많아 간첩으로서 처형당하고 말 것 같다. 그러니 처참한 처형을 당하느니보다는 이 약을 먹고 곱게 죽는 것이 좋을 것이라고 달래면서 독약을 내주었다. 한비자는 이 간첩의 말을 그럴싸하게 여기어 옛 친구 이사에게 감사를 드리면서 독약을 마셔버렸다. 그 결과 한비자는 옥중에서 자살한 것으로 되었다. 얼마 안 있어 진시황은 한비자가 무죄하다는 사실을 알게 되었으나 그것은 이미 한비자가 옥중에서 죽어버린 뒤였다. 이사는 자기의 높은 지위를 안전하게 유지하기 위하여 간첩을 사용함으로써 뜻을 이루었던 것이다. 이것은 간사한 짓이기는 하지만 지혜가 있음으로써 간첩의 사용이 가능하였던 예이다.

그리고 간첩은 어짐으로 달래고 의로움으로 가르쳐야 한다고 하였는데, 이것은 간첩을 심복으로 만들어 절대로 복종하게끔 만들어 놓아야 함을 뜻하는 것이다. 앞의 얘기에서 이사가 성공할 수 있었던 것도 자기의 팔다리처럼 움직여주는 심복이 있었기 때문이다.

이러한 간첩의 활동은 미묘하기 짝이 없다. 간첩들의 활동 결과는 세상에 공표되지 않은 게 대부분이어서 확실히 그 내막을 알 수 없기에 망정이지 간첩들의 활동은 광범위하기 이를 데 없다. 어느 나라에 정변(政變)이 일어나거나 쿠테타가 일어날 경우, 그 뒤에는 다른 나라의 간첩의 조작이 크게 작용하고 있는 경우가 대부분이다. 간첩을 잘 사용하기만 하면 이루 다 표현할 수 없는 미묘한 결과를 달성할 수가 있는 것이다.

9.

간첩활동의 기밀(機密)이 사전(事前)에 미리 알려지면, 그것을 들은 자나 얘기해 준 자는 모두 죽여버린다.

間事未發而先聞, 聞者與所告者皆死.

- 間事(간사) : 간첩이 조사한 일에 관한 것.
- 未發而先聞(미발이선문) : 간첩의 정보를 실제로 사용하기 전에 그 기밀을 먼저 다른 사람에게 알리는 것.

* 첩보활동은 기밀이 생명이다. 기밀이 일단 외부로 누설되면, 그것은 이미 정보로서의 가치가 없어진다. 오랫동안에 걸쳐 수많은 사람들이 생명을 걸고 얻어낸 귀중한 정보가 가벼운 입놀림 한 마디 때문에 순간적으로 물거품이 되는 것이다. 그뿐만 아니라 이러한 정보의 누설을 깨닫지 못하고 그것을 바탕으로 전략을 세우다가는 그

누설된 정보가 적에게 거꾸로 이용되어 이편이 큰 피해를 입게 되는 수도 있는 것이다. 그러므로 첩보활동에 관한 기밀은 무엇보다도 가장 엄한 형벌로 다스려야 한다. 설사 첩보활동에 관계하는 사람이 무의식적으로 또는 선의(善意)에 의하여 어떤 기밀을 누설했다고 하더라도 조금도 용서할 수 없다. 기밀을 누설한 사람이나 그 기밀에 대한 내용을 아는 사람은 모두 사형에 처하여야 한다는 것이다. 현대와 같이 사람들의 생명이 소중히 취급되고 있는 때에도 어느 나라나 간첩과 관련된 죄인은 가장 엄한 형벌로 다스리고 있다. 나라의 이익을 위하여는 공개재판을 거치지도 않고 사형을 집행하는 예까지 있다는 것이다. 이것은 모두가 손자의 병법과 부합되는 처리라 할 수 있다.

10.

모든 공격을 가하려는 부대나 공략(攻略)을 하려는 성이나 죽이고자 하는 적이 있다면, 반드시 먼저 그곳을 지키는 장수와 밑의 장군들·당번(當番)·문지기·부리는 사람들의 성명을 먼저 알아야만 한다. 그것은 우리 간첩으로 하여금 반드시 조사하여 알아내도록 하여야 하는 것이다.

凡軍之所欲擊, 城之所欲攻, 人之所欲殺, 必先知
其守將, 左右, 謁者, 門者, 舍人之姓名, 令吾間必
索知之.

- 軍之所欲擊(군지소욕격) : 이편에서 공격을 가하려 하고 있
  는 적의 부대.
- 守將(수장) : 수비하는 장수. 수비하는 최고 지휘관.
- 左右(좌우) : 장수 밑의 부관, 참모. 예하 부대장. 전령 같은
  사람들.
- 謁者(알자) : 방문객을 임금이나 장수에게 뵙도록 안내하는 사
  람. 장수일 경우에는 지금 지위로는 당번(當番)과 비슷하다.
- 門者(문자) : 문지기. 위병(衛兵).
- 舍人(사인) : 장수의 개인적인 시중을 드는 수레몰이. 취사당
  번. 사환 같은 사람들.
- 索知(색지) : 찾아서 알다. 조사하여 알다.

* 싸움을 하자면 적의 장비나 적의 정세 또는 지휘관의 능력 같은
것도 알아야 하지만, 무엇보다도 먼저 적군의 장수를 비롯한 요직에
있는 인물들의 성명을 알아야 한다.

적군의 중요한 직책을 맡고 있는 사람들의 성명을 안다는 것은,
적군의 능력을 평가하고 적에 관한 올바른 정보를 입수할 수 있는
기초가 되는 것이다. 적군의 중요 멤버들의 이름을 알아놓아야 쉽사
리 그들에 관한 정보를 계속 입수할 수 있고, 그들의 활동 사항이나

능력을 정확하게 평가할 수 있게 될 것이다.

임진왜란 때의 우리나라 명재상(名宰相)으로 알려진 유성룡(柳成龍)의 「징비록(懲毖錄)」을 보면 우리나라를 침략한 원흉(元凶)인 도요토미 히데요시에 관한 얘기를 쓴 대목이 있다. 그 글을 읽어보면, 우리나라의 재상이었던 그 자신이 우리를 침략한 원흉이 어떤 자인지를 정확하게 알지 못하고 있다. 남에게 호되게 얻어맞으며 오랜 시일을 두고 싸우고도 자기를 때린 자가 어떤 자인지도 모르는 것과 같은 것이다. 손자의 병법에 의하면, 이런 사람이나 이런 나라는 패배하게 마련이다. 임진왜란 때 우리나라가 왜적에게 유린당하였다는 것은 전술면(戰術面)에 있어 손자의 병법에 의하면 당연했던 일이라고까지 할 수 있을 것이다.

11.

반드시 적국의 간첩으로서 우리나라에 와서 간첩활동을 하는 자를 찾아서 이익으로써 꾀어내어 잘 이용하며 붙들어 둔다. 그러므로 반간(反間)을 찾아내어 이용할 수가 있는 것이다.

必索敵人之間, 來間我者, 因而利之, 導而舍之.

故反間可得而用也.

- 來間我者(내간아자) : 와서 우리 편의 기밀을 알아내려고 간첩활동을 하는 자.
- 囚而利之(인이리지) : 그들을 찾아내어 물질적인 이익을 줌으로써 꾀어내는 것.
- 舍之(사지) : 그들을 붙들어두고 이용하는 것.

* 첩보활동이란, 이편에서 간첩을 훈련시키어 적국으로 파견하는 것도 중요하지만 적국으로부터 보내온 간첩을 찾아내는 일도 그에 못지 않게 중요하다. 그것은 적의 기밀을 탐지하는 것만큼 이편의 기밀이 누설되는 것도 중요하기 때문이다. 지금도 곳곳에 방첩(防諜) 표어가 붙어있다는 사실도 이것을 증명해 준다.

여기에서 한 걸음 더 발전한 수법이란, 적의 간첩을 찾아내어 처형하는 일뿐만 아니라 적의 간첩을 여러 가지 방법으로 유혹하여 우리 편을 위하여 일하게끔 만드는 것이다. 그렇게 하여 이용하는 적의 간첩이 바로 이중간첩(二重間諜)인 것이다. 이중간첩을 잘 이용하기만 하면 곧 효과를 나타내지만, 진실로 뛰어난 지혜가 있는 사람이 아니면 이용하기 어려운 일이다. 어떻든 적의 간첩이란, 어떤 인물보다도 중요한 첩보 자료를 지니고 있는 자이므로, 잡아서 처형하기보다는 이를 잘 이용하도록 노력해야 한다는 것이다.

12.

이런 방법을 근거로 적의 실정을 알게 됨으로 향간(鄕間)과 내간(內間)도 구하여 부릴 수가 있는 것이다.

因是而知之, 故鄕間內間, 可得而使也.

• 因是而知之(인시이지지) : 적의 간첩을 이용함으로써 적의 실정을 알 수 있게 된다.

* 평상시에도 백성들 중에는 불평분자들이 많다. 그런 사람들에게는 어느 정도의 이익만 제시하면 자기 나라의 기밀이나 군사 지도를 적에게 넘겨준다. 이러한 자들은 전쟁이 일어나면 자기 나라 장수 밑에서 일하면서 상대방에게 군사기밀을 팔아 넘기기 쉽다. 그러므로 이런 자들을 찾아내어 이용하기만 하면 백성들 가운데에서 「향간(鄕間)」을, 관리들 가운데에서는 「내간(內間)」을 찾아내어 이용할 수가 있는 것이다.

이러한 「향간」과 「내간」을 확보하기만 하면, 적국의 기밀이나 실정을 정확히 조사할 수 있을 뿐만 아니라 적국의 정치, 경제, 사회에 걸친 여러 가지 면에서 우리 편에 유리하도록 조작과 혼란을 조성(造成)할 수 있다. 적국의 국회(國會)에 일대 혼란을 일게 할 수도 있으며 일부 계층을 선동하여 반전운동(反戰運動)을 전개시킬 수도 있

다. 이렇게 보면 간첩의 효용이란 이루 형언할 수도 없이 광범한 것
이다.

13.

이런 것을 근거로 여러 가지 일을 알게 됨으로 「사간(死
間)」에게 우리 일의 기밀을 속임으로써 적에게 고하도록
할 수 있는 것이다.

因是而知之, 故死間爲誑事, 可使告敵.

- 誑事(광사) : 우리 편 일에 관한 기밀을 속이어 「사간」에게 거
  짓으로 알게 하는 것.
- 告敵(고적) : 「사간」으로 하여금 조작된 이편 정보를 적에게
  고하도록 하는 것.

* 앞에서 말한 「반간」을 적도 사용할 가능성이 많다. 그러므로 첩
보활동에 참여한 인원 중에 신용이 적은 자들은 모두 「사간」으로 만
든다. 「사간」에게는 이편의 정보를 조작하여 진실처럼 알게 만들고
는 적지로 파견한다. 그리고 우리의 간첩으로 하여금 그를 적들이 검
거하게끔 조작케 한다. 적에게 붙들린 「사간」은 어느 정도 버티다가
는 결국 적에게 조작된 이편의 정보를 모두 털어놓을 것이다. 그러면

적은 「사간」의 말을 진실이라 믿고서 어떤 조치를 취할 것이다. 그러나 그것은 이미 이편의 계략에 넘어가는 일이다.

일반 사회의 윤리에서 볼 적에는 「사간」이란 대단히 야비한 수법인 듯하지만, 전쟁은 그 자체가 이미 도덕을 넘어선 행위인 만큼 목적 달성을 위하여는 수단과 방법을 가릴 필요가 없는 것이다. 일단 전쟁을 시작한 이상은 승리가 바로 정의인 것이다.

14.

이런 것으로 인하여 여러 가지 일을 알게 되므로 「생간(生間)」을 예기했던 대로 부릴 수가 있는 것이다.

因是而知之, 故生間可使如期.

- 如期(여기) : 예기했던 대로 돌아와 보고케 하는 것. 미리 정한 기일 안에 돌아와 탐지한 적의 정세를 보고케 하는 것.

＊「생간」이란, 일반적으로 우리가 생각하고 있는 간첩을 말한다. 이편에서 일정한 훈련을 받은 후 특수한 지령을 받고 적지로 잠입하여 적의 정보를 입수한 다음, 약속한 기일에 돌아와 결과를 보고하는 것이다. 이러한 「생간」은 어느 나라에서나 정규적인 첩보원으로서

양성되고 있다. 그리고 이들의 활동에는 언제나 대단한 위험이 뒤따르며, 만약 적에게 잡히기만 하면 일반 포로와는 다른 특수한 범죄자로 다루어진다. 전쟁에 지는 날이면 이들 「생간」은 특히 1급 전범(戰犯)으로서 전승국(戰勝國)의 재판을 받을 것이다. 그러나 성공하여 돌아온 「생간」의 정보는 다른 「향간」이나 「내간」, 또는 「반간」의 정보보다도 훨씬 믿음직스럽고, 또 이편에서 필요로 요구한 바로 그 정보이므로 가장 쓸모 있는 것이다. 따라서 간첩의 중심을 이루는 것은 아무래도 「생간」이라 할 것이다. 「생간」 없이는 내간, 향간, 반간, 사간의 다른 간첩들을 올바로 부리기가 어려울 것이다.

15.

이 다섯 가지 간첩에 관한 일은 임금이 반드시 잘 알아야만 한다. 이런 것을 아는 것은, 반드시 「반간(反間)」에게 달려 있다. 그러므로 「반간」에 대하여는 두터이 대우하지 않을 수가 없는 것이다.

此五間之事, 主必知之. 知之, 必在於反間. 故反間不可不厚也.

• 知之(지지) : 이러한 여러 가지 간첩활동에 대하여 안다는 뜻.

* 厚(후) : 후대(厚待). 잘 대우하는 것.

* 앞에서 간첩에는 향간, 내간, 반간, 사간, 생간의 다섯 가지가 있다고 하였다. 이 다섯 가지 간첩의 사용에 대하여 임금이나 장수들은 잘 알고 있지 않으면 안 된다. 그런데 이러한 간첩의 원리를 아는 요점은 적의 간첩을 이용하는 반간의 사용에 달려있다는 것이다. 그것은 반간이 첩보활동의 중심이 되기 때문이 아니라 반간의 사용이 가장 복잡하고도 어려운 것이기 때문이다. 반간의 사용이 가장 복잡하고도 어렵기 때문에 반간을 사용하는 방법을 아는 사람이면 다른 간첩의 사용은 문제가 없기 때문이다. 반간이란, 본시 적의 훈련받은 간첩이기 때문에 일시적으로 이편에 붙잡히어 이편의 요구를 승낙하는지는 모르지만 그가 내심으로 어느 만큼 이편을 위하여 충성을 바치느냐 하는 것은 문제이다. 또한 이 자가 이중간첩으로서 오랫동안 활약을 하자면, 적에게도 어느 정도 이편의 정보를 제공하지 않으면 안 된다. 그리므로 반간을 사용하는 사람이 이런 모든 것을 요량하기란 쉬운 일이 아니다.

또 반간을 사용함에 있어서는 무엇보다도 후한 대우를 해주어야 한다는 것이다. 적어도 적의 대우보다는 이편의 대우가 좋아야 그는 이편을 위하여 활약할 것이다. 간첩이란, 목숨을 걸고 활동하는 것이므로, 그들을 위한 보상이란 일이 끝났을 때 누릴 수 있는 풍성한 대우밖에는 없다. 사실은 반간뿐만 아니라 다른 간첩들에게도 특별한 대우를 하여야 한다는 것은 더 말할 나위도 없다.

16.

옛날 은(殷)나라가 일어날 때에 이윤(伊尹)은 본시 하(夏)나라에 있었다. 주(周)나라가 일어날 때에 여상(呂尙)은 은(殷)나라에 있었다.

昔殷之興也, 伊摯在夏. 周之興也, 呂牙在殷.

- 伊摯(이지) : 보통 이윤(伊尹)이라 부르는 상(商)나라 탕(湯)임금의 재상. 처음엔 유신씨(有莘氏)의 들에서 밭갈이를 하고 있었으나 탕임금이 현명함을 알고 세 번이나 예를 갖추고 초빙한 끝에 탕임금을 위하여 일하게 되었다. 뒤에 탕임금은 하(夏)나라 걸(桀)임금이 나라의 정치를 어지럽히는 것을 보고서 여러 번 이윤을 그에게 추천하였으나 쓰지 않았다. 마침내 탕임금이 걸임금을 치게 되자, 이윤은 탕임금을 도와 천하를 통일하는 데 많은 공을 세웠다. 탕임금 뒤 태갑(太甲) 옥정(沃丁)에 이르기까지 상나라의 기틀을 잡게 하였다. 상나라는 뒤 반경(盤庚) 임금 때 도읍을 은(殷)으로 옮기었으므로 후세엔 흔히 은나라라고도 부른다.
- 呂牙(여아) : 본성은 강(姜)씨, 뒤에 여(呂)나라에 봉해져서 여상(呂尙)이라 부른다. 그의 자가 자아(子牙)여서, 여기서 여

아라 한 것이다. 처음엔 위수(渭水)가에서 낚시질을 하고 있었는데, 주(周)나라 문왕(文王)에게 발견되어 재상이 되었다. 문왕은 그를 보자,「우리 태공(太公)께서 당신을 바라고(望) 계신지 오래였다.」고 말했다 하여 뒤에는 강태공(姜太公) 또는 태공망(太公望)이라고도 부른다. 문왕의 아들 무왕(武王)은 그를 사상보(師尙父)라 존경하였고 무왕이 은(殷)나라 주(紂)임금을 멸할 적에는 무왕을 도와 많은 일을 하였다. 뒤에는 제(齊)나라에 봉해졌으며, 그의 저서로는 유명한 병서의 하나인「육도(六韜)」여섯 권이 전한다.

* 상(商)나라 탕(湯)임금이 하(夏)나라 걸(桀)임금을 쳐서 멸망시킬 때 가장 큰 공헌을 한 신하는 이윤(伊尹)이었다. 그러나 알고 보면 이윤은 본시 하나라 사람이었고, 또 탕임금은 걸임금을 치기 전에 여러 번 이윤을 추천한 일이 있었다. 그럼에도 불구하고 하나라 걸임금은 자기 나라 사람인 이윤을 등용하지 못하고, 반대로 탕임금이 이윤을 등용하여 하나라를 멸망시켰다. 주나라 무왕을 도와 은(殷)나라 주(紂)임금을 쳐부수고 천하를 차지하게 한 여상(呂尙)도 본시는 은나라 사람이었다. 주임금은 자기 나라 사람인 여상을 발견 못하여 멸망하고, 반대로 무왕은 그 나라 사람을 등용하여 그의 지혜를 빌어 은나라를 멸망시켰다.

이처럼 어진 사람은 누구든 등용하는 사람이 이용하게 마련이다. 더구나 간첩은 어느 나라건 후한 대우와 교묘한 수단을 사용하여 잘 이용하는 편이 임자가 된다. 이편에서 보낸 간첩이라고 해서 덮어놓고 믿고 있어서는 안되며, 저편에서 보낸 간첩이라 해서 덮어놓고 죽일 필요는 없다. 저편의 간첩이라 하더라도 후한 대접을 하면서 잘 달래어가지고 말을 잘 듣기만 하면 이편에서 이용해야 한다. 재상도 이용하는 사람이 임자가 되는 것인 만큼 간첩은 더 말할 나위도 없다. 누구든 잘 잡아 이용하는 편이 임자가 되는 것이다. 이윤이나 여상은 탕임금과 무왕의 고등간첩이라고 말해도 지나친 표현은 아닐 것이다.

17.

그러므로 명철한 임금과 현명한 장수로서 뛰어난 지혜 있는 사람을 골라 간첩으로 부릴 수 있는 사람은, 반드시 큰 공을 이룬다. 이것이 전쟁의 요결(要訣)이며 삼군(三軍)이 믿고서 움직이는 근거가 되는 것이다.

故明君賢將, 能以上智爲間者, 必成大功. 此兵之要, 三軍之所恃而動也.

- 上智(상지) : 상급의 지혜 있는 사람. 뛰어난 지혜가 있는 사람.
- 兵之要(병지요) : 군대의 요점. 전쟁의 요결(要訣), 군사행동

의 요점.

- 所恃而動(소시이동) : 믿고서 움직이는 근거. 의지해서 행동하는 근거.

* 앞에서 얘기한 탕(湯)임금이 이윤(伊尹)이라는 어진이를 등용하고, 주(周)나라 문왕(文王)이 여상(呂尚)을 등용했듯이 명철한 임금이나 현명한 장수는 뛰어난 지혜를 가진 사람들을 골라서 간첩으로 쓴다. 간첩은 적국의 정치를 혼란케 할 수 있고 사회질서를 어지럽힐 수 있으며, 한편 여러 가지 적에 관한 정보를 사전에 알아낼 수 있다. 그러므로 뛰어난 능력 있는 간첩을 사용할 줄 아는 사람은 반드시 큰 공로를 세운다는 것이다.

이러한 첩보활동은, 곧 군사행동의 기초가 된다. 모든 전략은 간첩들이 파악한 정보를 바탕으로 하여 세워지는 것이다. 정확한 적의 실정이나 의도를 알지 못하면 자신 있는 전략이 세워질 수 없다. 그러므로 간첩은 바로 군사행동의 요점이 된다는 것이다. 군대는 간첩들이 알아낸 적의 동태를 근거로 하여 행동 계획을 세우므로 간첩활동을 근거로 하여 군대는 움직인다고까지도 말할 수가 있는 것이다.

손자가 이처럼 간첩활동을 중시하고 있는 것은 전술가(戰術家)로서는 가장 뛰어난 견해라고 할 수 있다. 이러한 손자의 견해는 현대로 올수록 더욱 발달하고 있으니, 손자는 전술에 있어 선구(先驅)적인 혜안(慧眼)을 갖고 있었다고 할 것이다.

손자가 이처럼 간첩활동을 중시한 이유는, 전쟁은 「졸속(拙速)」으로 하루 바삐 되도록이면 간단히 끝내야 한다는 주장에 근거를 두고 있다. 손자는 전쟁은 하지 않는 것이 가장 좋다고 생각하였다. 따라서 전쟁을 할 만한 요인이 생긴다 하더라도 실제로 군대를 동원하여 두 나라가 맞싸우게 되기 전에 그것을 해결해 버리는 것이 가장 전쟁을 잘하는 사람이라 생각하였다. 그러나 싸우지도 않고 승리한다는 것은, 전술(戰術)의 이상(理想)은 될 수 있을는지 몰라도 일반적인 의미에서의 전술은 되지 못한다. 따라서 병법에 있어서는, 두 나라가 실제로 군대를 동원하여 싸움이 붙었을 때 어떻게 하여야 승리를 거두는가를 강구하지 않으면 안 된다. 그래서 손자는 앞에서 허실(虛實)의 응용, 지형의 이용, 화공(火攻) 등을 설명하였지만, 끝으로 간첩의 사용에 힘주어 설명을 하고 있는 것이다.

전쟁은 가장 적은 희생으로서, 가장 짧은 시일 내에 승리를 거두는 것이 상책이다. 보통 방법으로 곧이곧대로 맞붙어 싸우고 보면 상호간에 희생이 너무 커진다. 그런 식으로 싸우다 보면 설혹 승리를 거둔다 하더라도 얻는 것에 비해 잃는 것이 너무 많게 된다. 그런 전쟁에 승리를 거둔다 하더라도 두세 번만 승리가 거듭되면 이편도 자연히 정치적인 혼란과 경제적인 궁핍으로 멸망하고 말 것이다. 그러므로 손자는 효과적인 적은 희생과 적은 노력으로 가장 빨리 승리를 얻는 방법을 강구하게 된 것이다.

손자는 그 가장 효과적인 방법을 간첩의 사용이라고 결론짓고 있다고 볼 수 있다.

✛ 연보(年譜) ✛

{손자(孫子)}

　본권에 수록한 손자의 사적(事蹟)에 대해서는 명확하지 않은 점이 많다. 다른 사상가들도 포함해서 연보를 작성했다.

前 479년〔주경왕(周敬王) 41년·노애공(魯哀公) 16년〕
　공자가 74세의 생애를 끝내다.

前 478년〔주경왕(周敬王) 42년·노애공(魯哀公) 17년〕
　묵자가 이 무렵 노국(魯國)에 태어남. 확실한 것은 일절 불명(不明). 일설(一說)에 「묵적(墨翟)」은 성명(姓名)이 아니고, 「묵(墨)」은 형도(刑徒)의 얼굴에 그린 문신(文身), 「적(翟)」은 꿩의 날개를 말하며, 그러한 특징을 스스로 붙였다고도 함. 출신에 대해서도 천민이나 공인(工人)이 아니면 하급무

사(下級武士)였다는 설(說)이 있음. 생몰년(生沒年)에도 여러 설이 있지만 공자 몰후(沒後) 10년 이내에 태어났다는 것이 거의 확실함.

前 389년〔주안왕(周安王) 13년·노목공(魯穆公) 27년〕

맹자(孟子)가 이 무렵 추(鄒)에서 태어나다.

前 360년〔주현왕(周顯王) 9년·제환공(齊桓公) 15년〕

손자는 이 무렵 방연(龐涓)과 함께 병법(兵法)을 배우고 있었다. 뒤에 두 사람은 구적(仇敵)의 사이가 됨.

前 355년〔주현왕(周顯王) 14년·위혜왕(魏惠王) 16년〕

손자는 위(魏)의 장군 방연(龐涓)의 초빙으로 위에 갔는데, 방연은 손자의 재능에 미급함을 시기하여 그의 양다리의 근육을 절단하고 문신(文身)을 넣어 다시 세상에 나가지 못하게 했다. 그 뒤 손자는 비밀리에 제(齊)의 사자(使者)와 면회하고 그의 차(車)로 위(魏)를 탈출, 제(齊)의 장군 전기(田忌)

에게 몸을 의탁했다.

前 343년〔주현왕(周顯王) 26년·위혜왕(魏惠王) 24년〕
　제(齊)의 손자는 교묘한 계략으로써 위(魏)의 방연의 군대
를 마릉(馬陵)에서 격파하고 대승리를 거두어 천하에 명성을
떨침. 위의 장군 방연(龐涓)은 죽임을 당하고 태자(太子) 신(申)
은 포로가 되었다.
　이후 손자의 몰년(沒年)은 알 수 없음.

명문동양문고 ❸❻

손자 孫子 [下]

초판 인쇄 2025년 5월 23일
초판 발행 2025년 5월 30일

역저자   김학주
발행자   김동구
디자인   이명숙 · 양철민
발행처   명문당(1923. 10. 1 창립)
주 소   서울시 종로구 윤보선길 61(안국동)
          국민은행 006-01-0483-171
전 화   02)733-3039, 734-4798, 733-4748(영)
팩 스   02)734-9209
Homepage www.myungmundang.net
E—mail   mmdbook1@hanmail.net
등 록   1977. 11. 19. 제1~148호

ISBN 979—11—94314—28—8 (03150)

10,000원